"十三五"国家重点图书出版规划项目
2021年农家书屋重点图书推荐目录

中国乡村振兴示范村

花园村

丛书主编　陈文胜
副主编　　王文强

严碧华 著

东北大学出版社

ⓒ 严碧华　2020

图书在版编目（CIP）数据

花园村 / 严碧华著 . — 沈阳：东北大学出版社，2020.12（2021.11重印）

（中国乡村振兴示范村 / 陈文胜主编）

ISBN 978-7-5517-2635-1

Ⅰ.①花… Ⅱ.①严… Ⅲ.①农村—社会主义建设—概况—东阳 Ⅳ.① F327.555

中国版本图书馆 CIP 数据核字（2020）第 270309 号

出 版 者：东北大学出版社
　　　地　址：沈阳市和平区文化路三号巷 11 号
　　　邮　编：110819
　　　电　话：024-83687331（市场部）　83680267（社务部）
　　　传　真：024-83680180（市场部）　83687332（社务部）
　　　网　址：http://www.neupress.com
　　　E-mail:neuph@neupress.com

印 刷 者：辽宁一诺广告印务有限公司
发 行 者：东北大学出版社
幅面尺寸：170 mm × 240 mm
印　　张：14
字　　数：251 千字
出版时间：2020 年 12 月第 1 版
印刷时间：2021 年 11 月第 3 次印刷
责任编辑：刘宗玉　张德喜
责任校对：孙德海
封面设计：潘正一

ISBN 978-7-5517-2635-1　　　　　定　价：49.00 元

花园风光

花园村风貌

花园村民居

1981年10月，邵钦祥等人创办的花园服装厂

20世纪80年代邵钦祥（左）兄弟俩正在探讨服装产品

花园风光

2016年11月，时任浙江省委副书记（现任浙江省委书记）袁家军（左三）在花园村蹲点调研

2003年9月，中国农村全面小康建设研讨会在花园村召开

中国乡村振兴示范村 | 花园村 HUA YUAN CUN

小康新区别墅群

花园村宴请老年村民

花园风光

花园村党委书记、花园集团董事长兼总裁邵钦祥在人民大会堂

邵钦祥每天上班前都要接待找他的村民

2014年10月9日上午，浙江花园生物高科股份有限公司在深交所创业板正式挂牌上市

浙江花园铜业有限公司生产车间

花园风光

花园村"户籍、营业执照'最多跑一次'办理大厅"

邵钦祥率村干部检查工作

中国民营企业 500 强——花园集团

全球最大红木家具专业市场——花园红木家具城

花园风光

花园商业中心

2020年花园村春晚盛况

花园外国语学校

中国农村博物馆

序 Foreword

　　党中央始终高度重视农业、农村和农民工作，新世纪以来，连续推出了一系列强农惠农富农政策，我国农村发生了翻天覆地的变化，广大农民从物质到精神都有了前所未有的提高。习近平总书记指出，农业强不强、农村美不美、农民富不富，决定着全面小康社会的成色和社会主义现代化的质量。实施乡村振兴战略是党的十九大作出的重大决策部署，这是党的"三农"工作一系列方针政策的继承和发展，是开启全面建设社会主义现代化国家新征程的必然选择，是我们在新时代做好"三农"工作的行动总纲和根本遵循。

　　2020年，我国打赢了脱贫攻坚战，农村贫困人口按现行标准全部脱贫，贫困县全部摘帽，消除了区域性整体贫困现象。党的十九届五中全会提出"实现巩固拓展脱贫攻坚成果同乡村振兴有效衔接"的要求。脱贫之后的农户面临着尽快加入中等收入群体行列的新任务、新挑战，而乡村振兴正是他们实现这一美好愿景的必由之路。

　　村庄是乡村的基本社区单元，是乡村振兴的主战场。我国有60多万个行政村，从南到北、由东至西，情况千差万别，振兴之路也必然各有千秋。广大农村在实践中探索出各具特色的发展路径，一批村庄尽享强农惠农富农政策红利，通过艰辛探索，率先迈入全面小康，成为乡村振兴示范村；但仍有大量村庄在后起赶超，既需要政策的引导与推动，也需要典型的示范与带动。

　　习近平总书记强调，"要科学把握乡村的差异性，因村制宜，精准施策，打造各具特色的现代版'富春山居图'。"实施乡村振兴是一个划时代的伟大创举，也是一项长期而艰巨的任务。党的十九大提出的实施乡村振兴战略，指明了村庄建设的前进方向，但还要不断总结典型经验，探索发展规律，才能持续推动乡村的全面振兴。

由陈文胜教授担纲主编、多位专家学者共同编撰的"中国乡村振兴示范村"丛书，选择不同地域、不同类型的10个典型村庄，系统、全面地介绍其乡村振兴过程，是一件十分有意义的事情。典型村庄的选取兼顾地理区域、发展路径、奋斗历程等多方面，既有经几代人持续奋斗形成的富裕村，也有在精准扶贫中脱颖而出的脱贫村；既有区位优势显著的城郊村，也有大山深处的边远村，有较强的代表性，可以为乡村振兴工作提供多视角的参考借鉴。丛书既详尽地叙述了每个示范村的发展过程，包括对村干部与村民思想、行为变化的细微描写，又对村庄发展的关键阶段、特殊环节的超常做法和成功经验进行了系统总结，给出了各示范村乡村振兴过程的全景式展示。纵览全书，一个个眼光独到、能力超群、公而忘私的村庄引领者的高大形象跃然纸上，一件件惊心动魄、事关生死大事的抉择过程展现在眼前。这种纪实性文体鲜活、可信，感染力强，是总结农村基层工作与农民群众创造精神的一种有益的探索。

丛书文字生动活泼，叙事生动简明，启发性、指导性强。衷心希望这套丛书能有助于广大读者了解乡村，为乡村干部和农民朋友提供有益的借鉴，为各级党政部门的科学决策提供参考，助力全国的乡村振兴工作。

是为序。

蔡　昉
2020年12月

　　蔡昉，全国人大常委会委员，全国人大农业与农村委员会副主任委员，中国社会科学院原副院长、学部委员、博士生导师。

前 言
Preface

  自从党中央提出乡村振兴战略以来,全国各地掀起了推进乡村振兴的热潮。在各地调研时,我发现每个村庄推进乡村振兴的积极性都很高,一部分村庄经过艰辛努力,探索出具有自身特色的发展模式,整体过上了质量较高的全面小康生活,但大多数村庄并没有明晰的发展思路,仍在乡村振兴的道路上彷徨且找不到突破的方向。由此,我心中一直想寻找一批优秀村庄,为其他村庄提供示范样本,以让更多的村庄能更快地实现乡村振兴。我也曾经将这个想法写进了对政府的建议之中。

  我的这一想法与东北大学出版社的计划不谋而合。2018年秋天,东北大学出版社领导找到我,提出出版一套宣传乡村振兴优秀村庄系列丛书的构想,并希望由我来组织编写这套丛书,我欣然答应了。我们一致认为,实施乡村振兴,是党中央、国务院的战略部署,是广大农民过上小康生活的必由之路,但前景美丽而道路曲折,实现乡村振兴将是一个长期的奋斗过程。在这个过程中,已有许多村庄走在前列,提前进入小康,应该把他们的经验总结出来,供尚在乡村振兴奋斗路上的村庄学习、借鉴。各个村庄经济基础不同、自然条件迥异,笼统设定一个模式,照搬一个做法显然不妥,而是要有针对性地选择一批有代表性的优秀村庄,让大多数村庄都能找寻到学习的榜样,以最大限度地发挥优秀村庄的示范作用。为此,我们在全国范围内,遴选了10个走在乡村振兴前列的典型村庄,以通俗化语言、纪实的叙事方式,把村干部及村民的超前意识、奋斗过程、成功经验全面描绘出来,将它们的坚定信念、聪明才智、开拓精神细致展现出来,并以"中国乡村振兴示范村"丛书的形式奉献给广大读者。希望这套丛书能给各级政府以借鉴,给广大乡村干部和农民朋友以启示,为实施乡村振兴战略助一臂之力。这就是我们编写、出版这套丛书的初衷。

  为确保编写质量,我们组建了一个由长期关注、从事"三农"研究的专家学者、政府官员、媒体精英等组成的跨区域作者队伍。具体分工是:

我任丛书主编，湖南省社会科学院人力资源与改革发展研究所所长王文强任丛书副主编。各分册作者分别是：《十八洞村》，湖南师范大学中国乡村振兴研究院教授陆福兴；《花园村》，人民日报社《民生周刊》杂志社编辑部主编、资深媒体人严碧华；《战旗村》，四川省农村发展研究中心主任、四川农业大学教授蓝红星，四川农业大学教师张正杰；《浔龙河村》，湖南省政协经济科技委员会主任、中南大学教授吴金明，湖南浔龙河投资控股有限公司刘红峰博士，国家税务总局党校长沙分校教师吴双；《景溪村》，河北农业大学教授申端锋；《郎德上寨》，中共黔东南苗族侗族自治州委员会宣传部副部长龙志波，黔东南苗族侗族自治州融媒体中心纸媒综合部主任、主任记者宋尧平；《袁家村》，中共陕西省咸阳市委农工办主任、西北农林科技大学兼职教授赵强社，西北农林科技大学教授赵晓峰、讲师张贯磊等；《振兴村》，山西农业大学形势与政策教研室主任、副教授庞丽锄；《张庄村》，湖南省社会科学院《毛泽东研究》编辑彭秋归；《大梨树村》，辽宁省直工委原副调研员张玉洁。作者们治学严谨、知识渊博，具有丰富的乡村调查经验，对所写的村庄比较熟悉，对所剖析的对象有着密切的关注。为了高质量地完成撰写任务，他们或常驻或三番五次前往所写村庄，目的就是真实记录所写村庄的振兴过程，挖掘出其潜在的精神动力。

本丛书的编写得到了各示范村村委会、支委会和所在地党政机关的大力支持和热情服务。尤其是本丛书的出版还得到了全国人大常委会委员、全国人大农业与农村委员会副主任委员、中国社会科学院学部委员蔡昉的关注，并在百忙之中为本丛书作序，其深厚的为农情怀和对"三农"研究者的关爱令我们十分感动。在此，一并对给予本丛书编写、出版以支持和帮助的各相关单位、各界人士表示衷心的感谢！

需要说明的是，丛书中的有些数据、案例引自专业著作与论文、媒体报道、政府门户网站发布的资讯。对各类文献的作者，我们致以真诚的感谢。由于时间关系，难以一一核对和注明所有文献的出处，在这里我们深表歉意。由于编者水平所限，加之时间仓促，丛书中的内容难免有不妥、失误之处，敬请广大读者批评指正。

陈文胜

2020 年 11 月

陈文胜，湖南师范大学"潇湘学者"特聘教授、博士生导师，中国乡村振兴研究院院长，中央农办乡村振兴专家委员，中共湖南省委农村工作领导小组"三农"工作专家组组长。

目 录
Contents

第一章　花园村概况

第二章　花园村足迹

　　一、资源贫瘠的小村庄 / 7

　　二、穷村办厂 / 8

　　三、泥腿子搞起高科技 / 10

　　四、旧村改造 / 12

　　五、两次并村 / 13

　　六、乡村振兴再出发 / 17

第三章　邵钦祥小传

　　一、年少志高 / 20

　　二、婚宴停电 / 21

　　三、带头办工厂 / 22

　　四、牵头成立工业公司 / 25

　　五、浙江大学编外学生 / 26

　　六、逐步实现共富梦 / 27

第四章　穷则思变，作坊起步

一、靠不了山吃不上水 / 30

二、苦苦思变 / 31

三、洗脚上田，作坊起步 / 33

四、村里掀起办厂潮 / 34

第五章　联合组建工业公司

一、乡镇企业大发展 / 35

二、开公司受阻 / 37

三、合并企业危与机 / 37

四、重视国际化，农民学外语 / 39

第六章　居安思危，及时转型

一、不做井底之蛙，谋划企业转型 / 40

二、联姻中科院，巨资投科研 / 41

三、十年磨一剑，高科技产品上市 / 43

四、未雨绸缪，稳步发展 / 46

第七章　依托高科技战略，
　　　　企业发展步入快车道

一、花园生物不断发展 / 48

二、进军高精度铜业 / 48

三、向新型材料领域延伸 / 50

四、花园药业取得突破 / 52

五、守住生态环保底线 / 55

第八章　打造红木家具第一村

　　一、起端于木线市场 / 57
　　二、构建红木家具全产业链 / 58
　　三、创建红木家居小镇 / 60
　　四、重视诚信与工匠精神 / 62
　　五、红木家具展销会 / 64

第九章　发力文旅产业

　　一、注重生态，发力旅游 / 68
　　二、村里的中国农村博物馆 / 72
　　三、对接研学实践教育 / 73
　　四、推进农旅融合发展 / 74
　　五、打造百货小吃一条街 / 75
　　六、影视文化探新路 / 76

第十章　从《花园报》看文化建设

　　一、农民办报纸 / 78
　　二、赢得广泛好评 / 83
　　三、构建融媒体平台多渠道宣传 / 85
　　四、花园村春晚 / 87

第十一章　以工富农强村，先富帮后富

　　一、企业反哺村庄 / 90
　　二、并穷村求共富 / 92
　　三、搭平台共发展 / 97
　　四、结对帮扶弱村 / 98

第十二章　充分发挥党建引领作用

　　一、村书记无私奉献 / 102

　　二、带动了一个好班子 / 104

　　三、发挥党员先锋模范作用 / 107

　　四、重视企业党建 / 109

　　五、如何当好村书记 / 110

第十三章　乡村振兴的全面实现

　　一、产业兴旺 / 113

　　二、生态宜居 / 115

　　三、乡风文明 / 117

　　四、治理有效 / 119

　　五、生活富裕 / 123

第十四章　花园村村民的故事

　　一、因为贫穷出门务工 / 124

　　二、把握机会回村创业 / 125

　　三、经营着自己的幸福 / 126

第十五章　邵钦祥的战略格局

　　一、勇于尝试 / 127

　　二、居安思危 / 129

　　三、战略专注 / 131

　　四、兼容并蓄 / 135

第十六章　邵钦祥的经营之道

　　一、诚信为本 / 137

　　二、以身作则 / 138

三、重视人才 / 139

四、关爱员工 / 142

五、构建学习型组织 / 144

六、注重共享 / 146

七、邵钦祥箴言 / 147

第十七章　花园村成功之奥秘

一、有个好班长 / 149

二、找对了好路子 / 152

三、激发了村民内生动力 / 154

四、坚持绿色发展 / 155

五、实现了产村融合 / 156

第十八章　花园启示录

一、人的因素很关键 / 158

二、要找对发展路径 / 160

三、要有不断奋斗的动力 / 162

四、自治、德治与法治要结合 / 163

第十九章　邵钦祥讲花园

一、坚持新发展理念，推动高质量发展，
　　为乡村振兴综合改革贡献花园智慧和力量
　　　　　　　　　　　　　　　　 / 166

二、做好花园村乡村振兴综合改革试点工作
　　　　　　　　　　　　　　　　 / 180

第二十章　专家学者评说花园

一、花园村乡村治理给我们的启示 / 181

二、新时代乡村治理机制创新的"花园经验" / 182

三、新时代乡村社会治理的花园探索 / 186

第二十一章　领导、同行点评花园

一、领导点评 / 191

二、知名村官点评 / 192

附录　花园集团简介 / 195

参考文献 / 200

后　记 / 201

第一章
花园村概况

连片别墅、高层住宅、高档剧院、高端学校、会展中心、生态公园、大型商场、特色街道、设施农业、星级酒店……

从进村开始,眼前不见寻常农村的阡陌纵横,只有宽阔的马路与川流不息的车流,街道两旁商铺林立、居住区干净整洁。它是一个村,但更像一座"城"。

东阳市南马镇花园村地处浙江中部,距东阳城区16公里,原花园村183户496人,面积0.99平方公里。2004年10月,花园村与周边9个村合并组建成新花园村,村区域面积达5平方公里。2017年3月,花园村又与周边9个村合并再次组建成新花园村,村区域面积扩大到12平方公里,现花园村有农户4681户,常住人口超过6.5万,其中外来人口5万多。

花园村已有690多年的历史,改革开放以前是一个有名的穷山村。1978年,花园村年人均收入仅为87元。1981年以来,在村党委书记邵钦祥带领下,经过近40年的创业拼搏,花园村以"强党建、抓工业、兴产业、惠民生、善治理"为重点,做到五个"不动摇":一是坚持党委领导、党员带头不动摇;二是坚持依法治村、民主管理不动摇;三是坚持发展工业实体经济不动摇;四是坚持为民、利民、惠民、富民不动摇;五是坚持打造中国农村样板、世界名村不动摇,实现了从"两创"到"两富"再到"两美"的华丽转型,成为产业兴旺、生态宜居、乡风文明、治理有效、生活富裕的乡村振兴战略样板村和美丽乡村建设示范村。

花园村倡导的"以工强村、以商兴村、共同富裕、全面小康"的花园之路已引起社会各界的关注。

2016年7月1日,花园村党委被中共中央授予"全国先进基层党组织"荣誉称号,同年花园村荣膺"中国十大国际名村",并连续多年名列"中国名村综合影响力300佳"前三名。2019年12月26日,浙江省委、省政府正式批复同意花园村为唯一的浙江省乡村振兴综合改革试点,为全国农村实现治理能力现代化提供更多经验。花园村是浙江省首个单独以村为单位创建成功的国家AAAA级旅游景区,被国家文化和旅游部授予首批"中国十大优秀国际乡村旅游目的地"和"网友最喜欢的乡村旅游目的地",还成为中国村官培训基地和全国新农村建设A级学习考察点,被誉为"浙江第一村""天下红木第一村""中国农村现代化的榜样"。花园村还被授予全国创建精神文明先进单位、全国文明村、全国民主法治示范村、全国模范村、中国十大名村、全国乡村振兴示范村等荣誉称号。

高88米的花园村摩天轮

1. 花园经济快速发展

花园村经济发达、村民富裕。2019年,花园村实现营业收入602亿元,其中,花园集团实现营业收入306亿元,花园个私工商户达3768家,实现营业收入296亿元,村民人均年收入达13.5万元,接待国内外游客570万人次,是金华市首个且唯一的税收超3亿元村。2014年10月9日,花园村诞生了首家上市公司"花园生物(300401)",花园新材、花园金波、花园药业也已进行了股份制改造并争取上市。花园村拥有国家高新技术企业 5 家，主要拥有五大产业：生物与医药、新能源与新材料、红木家具与木制品、建筑与房产、教育卫生与旅游文化；五大板块：工业企业板块、旅游文化板块、教育卫生板块、现代农业板块、红木家具板块。如今，花园村有全球最大维生素 D3 生产企业、亚洲最大宽幅铜板带生产企业、全国领先新型墙体材料生产企业以及填补浙江空白的高性能铜箔生产企业等，打造了全球最大红木家具专业市场以及全国最大名贵木材交易集散地，并建成了全国最大村级医院、学校、商场以及全国最高村级摩天轮和 99 米的浙江省农村第一高楼等。此外，花园村还吸引工商银行、农业银行、中国银行、建设银行、邮储银行、东阳农商银行入驻。

2. 打造农民时尚乐园

花园村坚持致力打造农民时尚乐园，制订了"合理布局、全面规划、整体拆建、分步实施"的新农村建设方案，做到道路硬化、路灯亮化、生态绿化、卫生洁化、饮水净化、环境美化。并村后，全村划分为村民平安居住区、高效生态农业区、第三产业服务区、高科技工业园区等，将原来的 19 个村改为 19 个小区，并以农房改造为花园新农村建设的重点，通过整体搬迁、整体拆建等旧村改造方式，打造了一个全新的大花园村。如今，花园红木家具城是全球最大红木家具专业市场之一，与花园原木市场、板材市场、花园雕刻·油漆中心、花园红木长廊、花园家居用品市场以及东阳市红木家具产业园核心区块一起，打造了"中国红木家具第一村"和"天下红木第一村"；花园商业中心是全国农村最大的商业综合体之一，与花园雷迪森大世界以及省三星级市场花园粮油商贸城、花园大厦、花园娱乐城、服装一条街、饮食一条街、百货小吃一条街、建材专业街等一起，形成集休闲、餐饮、购物、娱乐于一体的商业圈；正在推进浙江省农村综合改革集成示范区建设试点项目，与中国农村博物馆、花园文化广场、花园游乐园、花园游客服务中心、吉祥湖和福祥湖休闲区、健身休闲公园、中华百村图、现代农业生态园、天香湾、民俗馆、南山寺佛教文化园、拓展训练基地以及福山胜境等，组成了一个完整的生态旅游观光区。

3. 村民福利受益良多

花园村两委坚持科学、民主、依法理念，党员干部坚持"奉献、公正、公平、公开"的办事原则,做到情为民所系,利为民所谋,权为民所用。目前,花园村全村建立和健全了医保、社保和养老等保障体系,村民拥有失地农民养老保险、新农合医疗保险、城乡居民养老保险等三项保险待遇;村民享有建房补贴、奖学金制度、数字电视收视费(单向和双向)、电话月租费等 30 多项劳保福利;村民子女上学实行 16 年免费教育制,从幼儿园到高中书费学费全免,回村创业的博士生每年奖励 5 万元、硕士生每年奖励 2 万元、一本本科生每年奖励 1 万元;老年人享有高龄补贴,100 岁以上的每年 1 万元、90 至 99 岁的每年 5000 元、80 至 89 岁的每年 2000 元;村民可免费进入花园村任何景区;村民在花园田氏医院看病,除农医保报销外自费部分的 50% 由村里承担;村民每人每月发放大米、猪肉、鸡蛋以及食用油等;村内开通免费公交车……花园村的一系列福利待遇,创造出"村民比市民富、村容比城市美、生活品质比城市高,田园风光和城市文明高度融合"的"花园经验"。不仅如此,花园村还出台引进高级人才政策,符合条件人员可以落户享受村民福利待遇,每年发放 1 万元至 6 万元不等的奖金,还能领到 30 万元至 60 万元不等的人才购房券,甚至安排 300 平方米以上的别墅一幢,为乡村振兴以及企业腾飞

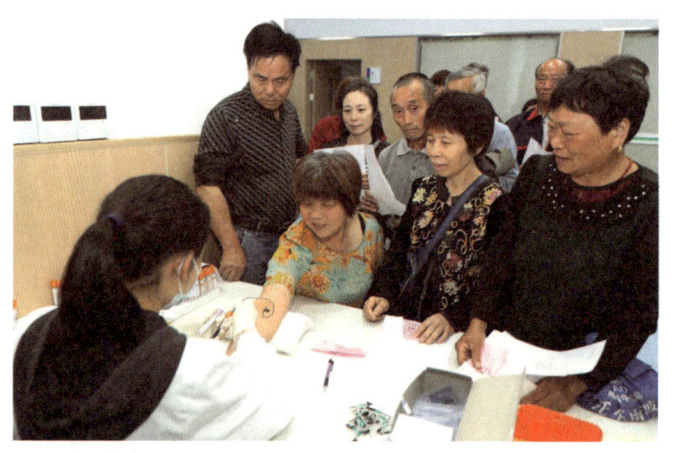

花园村民免费体检

提供人才保障。同时,花园村也出台政策,吸引在村里建住房和厂房的外来人员落户,共享乡村振兴发展成果。

4. 培育一代新型农民

花园村在加快发展经济的同时,努力打造先进花园文化,不断追求人与自然、社会的和谐发展,大力推进农村教育、科技、文化、卫生等社会事业的发展;创办了花园党校、花园中学、花园幼儿园,以及全国农村最高端且从幼儿园到高中 16 年一贯制的浙江师范大学附属东阳花园外国语

学校，充分利用这些场所进行村民素质教育和文化培训；成立了舞龙队、秧歌队、腰鼓队、篮球队、健身队等，经常性地举办文体活动，元旦、春节、五一、国庆等节假日，做到全面动员、人人参与；组建了花园艺术团为村民、员工以及游客表演节目；建设了高标准、高品位、高档次的花园文化广场，包括中国农村博物馆、花园游乐园、花园剧院、花园图书馆等，还打造了全国一流的党群服务中心和职工活动中心。此外，花园村还每两年举办一次大型农民体育运动会，每年举办形式多样的高大上"春晚"，编制"花园村民读本和村规民约"、《花园村志》以及《花园之歌》，出版每月三期的《花园报》并开辟新媒体矩阵，每年开展内容丰富的主题大讨论以及组织"五好文明家庭"评比，推进文明村风、家风、民风的形成，增强了全村村民的凝聚力和向心力，培养和造就了一代新型农民。近40年来，花园村矛盾不上交、纠纷不出村、选举不拉票、村民零上访，成为远近闻名的富裕村、诚信村、文明村。

5. 实现百年花园梦

"十三五"期间，花园村计划投入150亿元，到"十三五"期末，花园村力争：实现营业收入620亿元，花园集团完成营业收入320亿元，个私工商户完成营业收入300亿元；企业规模营业收入1亿元以上企业15家，营业收入5亿元以上企业10家，营业收入30亿元以上企业5家，营业收入50亿以上企业3家，股改企业达到4至5家；花园村民年人均收入达到15万元。

今后，花园村将紧紧围绕"把花园村建设成为中国农村现代化的榜样，把花园集团打造成为国际化高科技企业"的发展愿景，以推进工业化为重点，以优化升级为主线，通过经济结构的调整，大力发展生物与医药、新型材料与电子、红木家具与木制品制造、现代农业与生态旅游、建筑与房地产等五大产业，逐步实现产业结构的科学化、规模化、效益化，推进花园经济全面、协调、可持续发展。随着花园各项事业的快速发展，花园进入了一个崭新的发展时期。为实现大花园的总体目标，花园人坚持以"求实、创新、求强、共富"的花园精神为动力，高擎中国现代化和谐新农村的旗帜，致力打造一个"科技花园、绿色花园、活力花园、和谐花园"的"百年花园梦"，力争"把花园村建设成世界上最富有、最美丽的村庄，让花园村民成为世界上最富裕、最幸福的农民"。

第二章
花园村足迹

2020年3月24日晚,花园村乡村振兴综合改革试点工作汇报会在东阳市行政中心召开。东阳市委副书记、市长楼琅坚,东阳市委常委方雪飞,东阳市政协副主席金德良等领导参加。

一个村的乡村振兴综合改革会议怎么会在市政府召开?此事得从一份批复说起。2019年12月,浙江省政府批复同意《东阳市花园村乡村振兴综合改革试点总体方案》。

大背景是积极探索浙江特色新时代美丽乡村经济发展新动能、社会治理新模式、乡村管理新途径,破除阻碍城乡融合发展的体制机制,通过试点,力争把花园村建成为乡村文明与城市文明高度融合的实践典范、乡村未来社区的实践典范、新时代乡村振兴的实践典范,为全省、全国乡村振兴提供经验和样板。

对于花园村来说,这是莫大的荣耀,在乡村振兴的道路上走得更加自信和坚毅。

如果不了解花园村历史,很难想象这份荣耀是如何来之不易。

已有690多年历史的花园村,改革开放前是一个"有名"的穷山村,资源极度贫瘠,靠山吃不了山,连日常生活用水经常还得去隔壁村打。

数字更有说服力,1978年,花园村年人均收入仅为87元。1981年以来,在村党委书记邵钦祥的带领下,经过近40年的创业拼搏,2019年,村民人均年收入达13.5万元。

今天的花园村,村如其名,楼房整齐划一,街道宽敞整洁、绿植环绕,百花园花香四溢,湖面碧波荡漾。湖畔,99米高的雷迪森大厦与已经矗立多年的88米高摩天轮遥相呼应。

第二章　花园村足迹

乡村振兴的 20 字方针是"产业兴旺、生态宜居、乡风文明、治理有效、生活富裕"，在这些方面，花园村都可圈可点，堪称乡村振兴典范，因而有了上述批复，承担更大的责任，也迎来新的发展机遇。

一、资源贫瘠的小村庄

浙江省金华市东阳城区东南 16 公里左右，是花园村所在地。

今天，如果不翻开花园村的历史，很难想象，这里曾是有名的穷山村。

俗话说：靠山吃山，靠水吃水。

花园村地处浙中山地，虽然四周都是山，但因为是红岩塔，连烧柴做饭都成问题，不得不去周边山区砍柴。耕地也因为缺水，收成极差。

不能靠山吃山，又无水可靠，且连生活用水都成问题，碰上干旱年月，需去隔壁马府村挑水。因打水之事，花园人没少受气，时常遭白眼或恶作剧。

"村名花园不长花，草棚泥房穷人家，种田交租难糊口，担盐捉鱼度生涯。"这首民歌曾是花园村的真实写照，传唱了很多年。

为了生计，花园人曾捉过泥鳅，新中国成立前还贩卖过食盐。尤其是后者，风险极高，可以说是刀尖上舔血。

雪上加霜的是，1955 年，一场突如其来的龙卷风，把整个花园村一扫而空，只留下残垣断壁和遍地瓦砾。一夜之间，村民连住的地方都没有了。

20 世纪 80 年代花园村旧貌

填饱肚子活下来，重建泥房，曾是接下来很长一段时间花园人努力奋斗的目标。

花园人能吃苦，异常勤奋，但终因资源太贫瘠，在传统的农耕时代，只能艰难度日，吃了上顿忧下顿。

1978年，花园村村民年人均收入仅为87元。人均口粮只有120公斤多一点，少得可怜。大部分时间，只能吃糠咽菜。年纪大点的花园人清楚地记得，当年如果能有碗猪油饭，就是打牙祭。

"好女不嫁花园村"，曾在当地流传，不知是外界对花园的嘲讽，还是花园人的自嘲。过去的很多年里，这里由于缺少水源，下点雨有望打点粮，天一旱就颗粒无收，村里过三十而娶不上媳妇的小伙子比比皆是，而姑娘未满二十大多嫁出了村。20世纪70年代末80年代初，花园村仍然没有公路，也没有电。

二、穷村办厂

20世纪80年代初，改革开放的春风吹遍神州大地，乡镇企业开始萌芽。

1981年，村里的能人邵钦祥和二哥邵钦培、村里老书记邵福星，各出资500元，开始创办蜡烛坊。

他们未曾想到，几个月后就把本金赚了回来。

在那个年代，500元相当于一个劳动力好几年的收入。在土里刨食，日晒雨淋，不舍昼夜，但收入微薄。两相对比，很快，办蜡烛坊赚了大钱的信息在村里炸开了锅。

当年春节，村里家家户户都分到了"花园"牌蜡烛。摇曳多姿的烛光，让花园人看到了希望。

邵钦祥他们能办作坊，我们是不是也能办？邵钦祥是能人，我们比不上，亏了怎么办？……有一段时间，一些村民内心很纠结，既羡慕却又不敢尝试，毕竟投入不是个小数目，且长期都是从事农业生产，对办厂的事一无所知。

然而渐渐地，一些胆大的在邵钦祥的鼓励下，开始加入了创办作坊的行列。

蜡烛作坊的成功给了邵钦祥信心，很快，他又牵头办起了村里真正意义上的工厂，即花园服装厂。此后十年间，村里有了几十家大大小小的作坊或工厂。通过开办工厂，一部分村民腰包渐渐鼓了起来。

1986年，32岁的邵钦祥当选为村支部书记，此前，他已担任过多年村干部，对村里情况特别了解，时常考虑村庄如何发展走出困境。在和老支书邵福星搭班子期间，年轻的邵钦祥出过很多主意，办成过当时村里连想都不敢想的大事。

开办企业几年，邵钦祥走南闯北跑市场，赚了钱，见识也越来越广。渐渐地，他发现小作坊、小企业在开拓市场等方面有很多不足，暴露出了很多问题。同时，他认为村里要富起来需拧成一股绳。

1991年，他以自己旗下的8家企业，联合村里46家企业成立了金华市首家村级工业公司，即花园村工业公司。

工业公司成立后，多个行业齐头并进，并以规模、质量优势占据了市场博弈的主动权。当年，公司产值就达到了1000多万元，创利税100多万元。

比起产值、利税，更让邵钦祥高兴的是，不仅花园村村民实现了100%就业，还吸引了周边和外来人员到花园村就业。

花园村工业公司成立时，同时开启了当地村级机制改革。花园村实行村企合一，企业和村委一套班子、两块牌子。

之所以这样设计，源于邵钦祥的"共富观"——以企业的形式在市场经济浪潮中搏击，企业盈利后再反哺村庄，解决村民就业，改善村内基础设施。

20世纪90年代，在邵钦祥带领下，花园人在当地率先甩掉了穷帽子，致了富。

20世纪90年代花园村风貌

从 1990 年起，花园村对农业税、定购粮任务和应由农户上缴的水电费、大田承包款等各项提留全部免交，由村集体承担，而农民负担早已为零。由于集团积累充足，花园村先后投资 1350 万元完成机耕路拓宽建设、主干线水泥路面建设、民用电线和通信电话建设、自来水管道和污水管道埋设，以及综合活动楼、理发室、公厕、广场等公用设施的规划建设。到 1999 年，所有农民都住上了新楼房，花园村成了名副其实的"花园"。

三、泥腿子搞起高科技

花园工业公司不断壮大，是守成还是进取？和其他乡镇企业一样，花园工业公司走到了十字路口。

有人劝邵钦祥，已经很不错了，钱也够花了，可以歇歇享下福。但邵钦祥显然不这么想，他想的是"我是富了，村里还没富"。

经过深思熟虑和多方论证，花园村制订了三大计划：一是建一个新型工业区，改善投资环境；二是走出花园，开辟第二工业区；三是不失时机引进外资，发展外向型企业。

出台上述三大计划主要是基于三大问题，即花园发展什么？加快发展缺什么？今后发展靠什么？

以前村里发展企业没有规划，有空地就建，杂乱无章，配套自然也没有。而新型工业区不仅有厂房、综合办公楼，还有食堂、绿化等配套。企业发展过程中，邵钦祥也深知，仅凭花园村自身那点地方远远不够，需开拓新基地。

1993 年初，邵钦祥收购了紧邻省道的原南马砖瓦厂，又征用了毗邻的 26 亩地，办起了经贸公司、火腿食品厂等企业。

随着我国改革开放深入，引进外资越来越多，邵钦祥抓住机遇引进外资在村里办起了两家中外合资企业，一方面解决了发展所需资本问题，引进了先进设备，提高了生产率；另一方面可以向外商学习管理经验，提升村内企业管理水平。

1993 年 7 月，一家集科、工、农、贸为一体的花园工贸集团公司正式成立。

成立集团后，有了稳定的市场，但邵钦祥发现，集团公司每年的营业额总维持在 2 亿至 3 亿元间，徘徊不前，始终没有突破性的发展。他到处考察学习，和专家广泛交流，发现了瓶颈所在，那就是企业没有自主知识产权，缺乏核心竞争力。

于是，他力排众议决定上马高科技项目，找到了时任中科院院长路甬祥。后者委派专家展示了10多项高科技项目，邵钦祥选择了当时还处于实验阶段的维生素D3项目。彼时，这一项目只有少数发达国家能够生产，且生产技术被国际三大公司垄断。

专家提醒，自"七五"以来，维生素D3项目一直被列为国家科技攻关与开发生产的重点项目，但未有重大突破，后续还需大量的资金投入。也就是说，投入这个项目前景可以，但也存在很大风险。

邵钦祥毅然选择了它，与中科院感光所（现为理化所）签订了合作协议。首期投入科研经费480万元，不到三个月增加到880万元，最后实际上总共投入了7000多万元。

巨大且看似无底洞的投入，让花园集团一度举步维艰，资金周转非常紧张。有人说他瞎搞，不知深浅，明明是个农民，非得去蹚高科技的水。

但花园人没想到的是，这位身边土生土长的农民，这一次又做成了。1998年，维生素D3项目中试成功。2000年，花园集团用2000万元一次性买断生产技术。2001年，投料试产成功。2003年开始，维生素D3系列产品进入国际市场。2014年10月9日，运营这一项目的花园生物在深交所成功挂牌上市。花园集团成为了全球最大的维生素D3生产企业，生产技术达到国际领先水平。

花园生物高科股份有限公司

一鼓作气，在高科技产业引领下，花园集团加快培育和发展新材料、新能源、节能环保等战略性新兴产业。

四、旧村改造

发力高科技，花园集团拥有了自己的核心竞争力，企业发展步入了快车道。自然，反哺花园村的能力越来越强。

"我们是富了，但村里还没富。"邵钦祥说这话时是在20世纪90年代。

一批村民袋子里有了钱，也不再满足原有的住房条件。邵钦祥注意到了这一点，适时启动了旧村改造。

第一次旧村改造始于1988年，历时十年。

彼时的花园村，和大多数农村一样，住房参差不齐，要求也不一样。有人急于想从破旧的泥房搬出，也有人认为老房子不能拆。

旧村改造，统一思想是前提。为此，邵钦祥和村干部们没少费工夫，挨家挨户做工作，讲政策，描绘美好前景。

花园村缺水，在邵钦祥描述中，旧村改造后，拧开龙头就能用水。慢慢地，村民统一了思想。

旧村改造过程中，邵钦祥创办的砖瓦厂发挥了大作用。村民不仅购买红砖方便，且价格只有市场的一半，解决了大问题。

也有个别村民家里经济困难，建不起新房，邵钦祥慷慨解囊给予帮助。

在改造过程中，花园村特别注重规划。1995年12月8日，花园村从省内外邀请来40多位专家、学者，帮助研讨、论证他们村的"九五"规划和2010年规划纲要。

参加这个研讨会的专家、学者，不仅有来自浙江省社会科学院、浙江大学、浙江省乡镇企业局的，还有来自国家计委、建设部、团中央等部门的。当时，与会的不少专家感慨：国家和省里的发展规划论证会，我们都参加过，但参加一个山区小村的论证会，这还是头一回！

时任建设部村镇建设司总工程师的高承增在论证会上提出，花园村农民住进了楼房，但一些农民的院落仍存在"脏、乱、差"，制定村级"九五"规划，一定要把提高农民素质放在重要位置。花园村党支部书记邵钦祥当即表示，要把这个建议充分吸收到新的规划中。

第二章 花园村足迹

旧村改造后，花园村面貌焕然一新，迎接新世纪的到来。从那时开始，花园村也开始走进媒体和学者的视线，荣誉随之而来。

1998年2月，浙江省社会主义新农村建设示范村名单发布，花园村榜上有名，名单上还有航民村等16个村。地处钱塘江南岸的航民村，是浙江省名村，2003年底航民村村民的户均净资产超过了200万元。这17个村有诸多共同点，比如生产发展、生活宽裕、乡风文明、村容整洁和管理民主。

五、两次并村

花园村所在的东阳，农村有舞龙灯的习俗，花园村也不例外。

2003年元宵节，和往年一样，花园村舞起了龙灯。不同的是，当年龙灯龙身长达3.3公里，参加人数达2600余人。而当时花园村总共才183户，即便全村男女老少全部出动，也不到500人。显然，仅靠花园人舞不起这条"巨龙"，来自附近几个村庄的村民和花园人共同协作，最终呈现了一场气势恢宏的舞龙灯。

活动很成功，村民们都很开心，作为村支书的邵钦祥自然也不例外。只是，又有个念头在他脑海中闪过。这个念头也是周边村庄百姓的心声，同时契合了当时浙江农村改革。

浙江人均土地占有量仅0.5亩①左右，不及全国平均水平的一半。但改革开放以来，浙江快速发展。2001年，浙江省农村居民人均纯收入达到了4582元，1980年这一数字是219.21元。纵向相比，绝对额增加了20倍；横向相比，在全国也居前列。

浙江农村富了，但富裕起来的农村也显现出一些问题。当年《浙江日报》曾这样表述：只见新房，不见新村；只见新村，不见新貌。走了一村又一村，村村像城镇；看了一镇又一镇，镇镇像农村。

报道说的是农村缺乏规划，基础设施和公共服务缺失。

富裕起来的浙江农民，造起了一幢幢新楼房，但因缺少规划，楼房杂乱无章，一些村庄垃圾遍地，村内小溪淤积。

"晴天尘土飞扬，雨天污水横流，夏天蚊蝇成群，晚上黑灯瞎火"。这些描述的是当时浙江的一些农村。

---

① 1亩约合666.7平方米。

问题的根源在于城乡二元结构割裂，公共财政投入长期集中在城市，农村投入严重不足，而村集体又无力投入。

"敢为天下先"的浙江决定在这方面探索，为全国社会主义新农村建设积累经验，提供示范。

2003年6月5日，浙江省"千村示范、万村整治"工作会议召开，会议决定：要用5年时间，从全省近4万个村庄中，选择1万个行政村进行全面整治改造，把其中1000个中心村建设成全面小康示范村。

与此相配套，浙江省委、省政府把"十五"期间规划实施的"五大百亿"工程项目，统一纳入到"千万"工程之中，统筹城乡建设规划，统筹村庄整治规划，整体推进农业和农村基础设施建设。

在"千村示范、万村整治"大背景下，考虑到花园村已经在新农村建设方面做出了成效，当地决定让花园村来帮助周边村庄，打造大花园。

2004年，花园村已经成为东阳有名的富裕村，村民人均收入达3.6万元。对贫困有切肤之痛的邵钦祥，一直在寻找、探索破解贫富差距之道。他说："一家富不算富，家家富才是富；一村富不算富，村村富是真富。"

2004年底，着眼于发挥花园村的先富带头作用，东阳市调整行政村区划，将花园村与周边的马府、南山等9个村合并，组建新花园村。

消息传开，10个村都炸开了锅。当时老花园人想不通，并村后人口增加近10倍，村民年人均收入要降2万元；周边村人均年收入只有几千元，有的宗族势力严重、干部不团结、矛盾纠纷多发，花园村会不会因此背上包袱？其他9个村的人也满腹狐疑，担心福利待遇不能统一，成为花园村的"二等村民"。

为并村的事，一年时间，各种会议开了260多次。在最后一次老花园村村民代表会上，邵钦祥动情地说："我们的生活好过了，忍心看着其他村过穷日子吗？如果不能带动周边村民共同富裕，花园这个新农村的榜样，意义还有多大？"

会场顿时鸦雀无声。

并村，先要并心。面对村民的种种担心和猜疑，花园村不搞特殊化，实行"五统一分"，即财务统一管理、干部统一使用、劳动力在同等条件下统一安排、福利统一发放、村庄建设统一规划实施，迅速凝聚了人心；一分即村企分工，产权清晰，开始做大集体经济。

在并村后的首次动员大会上，新一届村干部班子向村民承诺：先富带后富，强村带弱村，花园大变样。

变化从旧村改造开始。花园村调整新农村建设方案，将全村划为村民平安居住区、高效生态农业区、第三产业服务区、高科技工业园区；原10个村改为10个小区，整体搬迁4个村、整体拆建2个村、旧村改造3个村。

几年时间，一个全新的花园村就呈现在世人面前。时间渐渐模糊了新老花园人原来的身份，大家的人均年收入不仅没有降低，反而稳步提升，福利也越来越多。

2006年10月，以"当好带头人 建设新农村"为主题的第六届全国"村长"论坛在花园村成功举办，花园村得到了各级领导、知名村官和与会代表的普遍赞誉。

2012年10月，花园村成为浙江省首个单独以村为单位创建成功的国家AAAA级旅游景区。

2014年6月，第八届全国大学生村官论坛暨全国"村长"论坛第十次执委会议在花园村召开，与会人员认为花园村是近年来中国农村发展最快、变化最大、质量最高、后劲最足的一个村。

2016年，花园村全村实现营业收入461.23亿元，与2015年相比增长15.02%，其中2827家个私工商户实现营业收入270.78亿元，村民人均年收入达16万元。

2016年，花园村全村建筑总面积达37.9万平方米，拆除旧厂房面积4.2万平方米，并不断加大基础设施建设和五水共治投入，全面优化花园村村庄环境，让村民实实在在享受到"环境革命"带来的好处。与此同时，花园村致力先富带后富，积极做好社会扶贫帮困事业，与金东区宋宅村结对帮扶并捐赠资金200万元；参加中国十大名村帮扶安徽金寨十个贫困村活动，与金寨县花石乡千坪村签订了帮扶协议。

2017年3月份，花园村迎来第二次"1+9"并村，周边又有9个村并入花园。花园村域面积从5平方公里扩到12平方公里，村民从5000多人增加到13879人，加上5万多外来常住人口，全村人口超过6.5万。

有了第一次并村的成功经验，在第二次并村过程中，邵钦祥坚持以科学规划为引领，将城乡统筹贯穿始终，重构村庄人居环境及产业布局，迅速推进"六融合"，即思想融合、班子融合、管理融合、资产融合、制度融合和目标融合，通过融合实现并村并心。

第二次并村后，新的花园村以"强党建、抓工业、兴产业、惠民生、善治理"为重点，做到五个"不动摇"，实现了从"两创"到"两富"再到"两美"的华丽转型，成为产业兴旺、生态宜居、乡风文明、治理有效、生活富裕的乡村振兴战略样板村和美丽乡村建设示范村。

2017年，花园村经营收入达520.63亿元，村民人均年收入达12万元；花园村在"全国300个名村综合影响力"排名中列第三位，成了中国农村现代化的榜样。

2018年底，花园村拥有个私工商户3508户，全村实现营业收入546亿元，在东阳缴纳税费3.24亿元，村民人均年收入达12.6万元。

2018年，邵钦祥在接受媒体采访时表示："城市居民有的，花园村民也有，城市没有的，花园村农民也有。所以花园农民比城市居民富，花园村子比城市要美。花园村农民的资产500万以下是困难户，1000万以上刚起步，5000万以上才算富，一个亿以上的资产算富裕。"

2019年11月12日，经过两年多时间精心施工建设以及用心设计装潢，位于花园村吉祥湖畔的花园雷迪森大世界正式开业，标志着99米高的浙江村级第一高楼投入使用，成为了国家AAAA级旅游景区——花园村——的未来城市会客厅。

花园雷迪森大世界是花园村里的第21栋11层以上高层建筑，由花园集团按国际五星级酒店标准投资兴建，于2017年8月23日开工建设，致力建成周边地区最大规模、最有气势、最具特色的标志性建筑，在彰显花园经济实力和良好旅游服务形象的同时，为花园村大力发展旅游产业添筹加码。

项目总投资10亿元，总建筑面积6.5万平方米。酒店设施高端、配套齐全、环境幽雅，客房中心拥有323间风格各异、富贵温馨，具有文化艺术特色的客房；餐饮中心拥有20间设计新潮、装修精美、别具一格的包厢，最大包厢可容纳30人同时就餐；会议中心拥有10多个规格不同的会议室，3000平方米无柱式宴会厅更是首屈一指，可同时接待2000人会议；休闲中心拥有室外游泳池、KTV、桑拿、足浴、网球场、健身房、童玩区等。

如今的花园村民不仅享有完善的生活保障，拥有建房补贴、高龄补贴、奖学金制度等30多项福利，还能在家门口实现创业致富。目前，花园已形成原木市场、板材市场、雕刻·油漆中心、生产基地、展示销售、红木文化旅游为一体的红木家具全产业链，成为"中国红木家具第一村"。村民们不是在集团上班，就是办厂经商等，过上了"村民比市民富、村容比城市美、生活品质比城市高，田园风光和城市文明高度融合"的美好生活。

六、乡村振兴再出发

尽管成就非凡，但花园人深知站在新的发展阶段，空间规划、要素保障、基础配套、管理体制等制约了花园村的进一步发展和功能作用的发挥，迫切需要借鉴镇域小城市培育试点有益经验，加快理念创新和体制机制创新，实现再次跨越发展。

2019年，花园村完成项目总投资50亿元，"村域小城市"建设逐步推进和完善并升级为唯一的浙江省乡村振兴综合改革试点，浙江省农村综合改革集成示范区建设试点项目基本完成，花园红木家居特色小镇创建工作亮点纷呈，为花园各项事业高质量发展增添了新动能。与此同时，花园村继续全力推进新并村旧村改造工程，实施房屋拆迁1060间，建筑面积约9万平方米，完成全村道路拓宽改造、绿化工程、天然气安装、3A级公厕建设、人民广场升级等民生工程，全村基础建设投资达2.8亿元，村民各项福利支出达5600多万元，让老百姓有更多的获得感和幸福感。

2019年，花园村实现营业收入602亿元，其中花园集团完成306亿元，3768家个私工商户完成296亿元，村民人均年收入达13.5万元。花园村的产业已遍布多个领域，医药化工、房地产开发、建筑建材、木制品制造等，还有全球最大的维生素D3产地、全球最大的红木家具市场和红木家具的全产业链。

村里每年进行收付账目清账，审计部门进行财务审计。全村所有财产进行登记、核查、清理、评估，以健全财产账目，截至2019年底，全村资产达20.6亿元。

2019年12月31日，《中央农村工作领导小组办公室、农业农村部、中央宣传部、民政部、司法部关于公布全国乡村治理示范村镇名单的通知》印发，公布了99个全国乡村治理示范乡镇和998个全国乡村治理示范村名单，花园村作为东阳市唯一获评村庄名列其中。

此外，花园村还荣获全国文明村、中国十大国际名村等上百项省级以上荣誉称号。

当下，对于花园村来说，最重要也是最紧迫的任务就是本章开始提到的乡村振兴改革试点。

2020年1月11日，花园村召开一年一度的党员干部大会，花园村党委书记、花园集团董事长兼总裁邵钦祥作题为《坚持新发展理念，推动高质量发展,为乡村振兴综合改革贡献花园智慧和力量》的工作报告。

邵钦祥表示,2020年,是花园村推进全省乡村振兴综合改革试点的开局之年,是花园从"大项目、大投入"进入"大发展、高质量"转变的关键之年,是花园"四个高质量"发展战略升级的重要之年,全体花园人要跟党走、听党话、感党恩,把思想和行动统一到党委决策部署上来,把智慧和力量凝聚到实现总体目标上来,通过完成年度投资30亿元,重点做好浙江省乡村振兴综合改革试点、浙江省千万工程展览馆项目、浙江省农村综合改革集成示范区试点建设项目、花园红木家居特色小镇创建等十件大事,力争全村营业收入达到620亿元。

2020年1月4日的《花园报》刊发了邵钦祥的新年献词。邵钦祥说:"下一步,我们花园村要做到把花园集团建设成为世界上高科技企业,把花园村建设成世界上最富裕最美丽的农村,让花园村民成为世界上最富有、最幸福的农民。"

5月13日,花园村乡村振兴综合改革试点工作推进会在花园雷迪森大世界召开。金华市委常委、市政府党组成员张伟亚以及东阳市委书记傅显明等领导出席。东阳市委副书记、市长楼琅坚主持会议。东阳市委副书记胡勇春交办改革试点工作任务。

邵钦祥表示,花园村将承担试点的主体责任,将继续以"五大产业"和"五大板块"为抓手,全面推进花园经济发展高质量;以"加快推进基础设施和公共服务配套建设"为重点,全面推进花园农村建设高质量;以"31项福利"为基础,全面推进花园村民生活高质量;以"小事大事不出村,矛盾纠纷不上交,村民零上访"为实践要求,全面推进花园社会和谐高质量,认真理清工作思路,从经济发展新动能、社会治理新模式、乡村管理新途径三方面入手,全力以赴、不折不扣地有序完成好乡村振兴综合改革试点工作总体方案要求,确保干出成效、创造经验、创出特色,推动走出一条新时代乡村振兴实践之路,为全省、全国探索出一套乡村振兴的经验做法,让改革试点工作成为全面展示中国特色社会主义新农村的重要窗口。

第三章
邵钦祥小传

现任花园村党委书记、花园集团董事长兼总裁邵钦祥是高级经济师，任东阳市人大常委、金华市工商联副主席、浙江省中小企业协会会长、浙江省新农村建设促进会副会长、中国村社发展促进会副会长，先后荣获全国精神文明建设先进工作者、全国科技进步先进工作者、全国当代优秀改革家、中国农村十大新闻人物、中国乡镇企业十大新闻人物、中国乡镇企业功勋企业家、中国功勋村官、中国经营大师、全国优秀基层干部十大新闻人物、省十大时代先锋、省劳动模范、省首届金牛奖、省奔小康带头人、省优秀企业家等诸多荣誉称号。

花园村党委书记、花园集团董事长兼总裁邵钦祥

2019年10月1日，邵钦祥受中组部邀请，作为全国先进基层党组织代表参加在北京隆重举行的庆祝中华人民共和国成立70周年大会等活动。

站在天安门观礼台上，他思绪万千。在群众游行阶段，当浙江彩车经过时，他无比激动和自豪，因为彩车上有八名演员来自花园艺术团。

邵钦祥不禁回想起花园村的创业历程，往昔重要节点如电影般在脑海中闪现。近40年来，一个地处浙中山地，曾经资源贫瘠的小山村，通过不断奋斗，以工富农，渐渐地村民腰包鼓了起来，人均年收入从1978年的87元达到今天的10多万元，跻身"中国十大名村"。

花园村也走进了媒体、公众和专家的视线，大家纷纷探寻花园模式奥秘，尤其是在今天乡村振兴的背景下，"花园模式"备受关注。

"80年代靠胆量，90年代你有资金就上来了，第三步我们搞科技。1996年跟中科院合作开发维生素D3，我思想是比较超前的，人家还在全农创业，我就搞科技了。"在接受媒体采访时，邵钦祥曾这样说。

此中艰辛、无奈和委屈，只有亲历者知。从1976年担任生产大队长、1982年担任村党支部副书记、1986年担任村党支部书记一直到今天，当年的年轻后生早已过花甲之年，头发花白。

让邵钦祥自豪的是，自己当年立下的共富誓言已成为现实，信心十足的他正朝着下一个目标奋进，即带领花园村走向"世界名村"。

一、年少志高

1954年，邵钦祥出生在浙江东阳花园村。新中国成立初期，花园村交通十分不便，贫穷闭塞。1957年，一场突如其来的龙卷风，让花园村更是一贫如洗，村民不得不靠挖野菜充饥。邵钦祥的童年就是在这样的环境下度过的，但他从小就很机灵、勤快和记性好，因而深受长辈称赞，村里的同龄人也以他为榜样，有什么事总喜欢找他拿主意。

"笃泥鳅"① 曾是花园人谋生方式之一。泥鳅很狡猾，蛰伏在水中难以被发现，更难以捕捉。但泥鳅营养丰富，美味可口，能卖出好价钱。

尽管"笃泥鳅"又脏又累，但为了微薄的收入，一代又一代的花园人，卷起裤腿，在水田、池塘中苦苦寻找。

"笃泥鳅"最佳时机是在烈日之下的正午，因为泥鳅热得受不了会钻

---

① "笃泥鳅"系浙江方言，是抓泥鳅的意思。

进洞里，这时会露出"狐狸尾巴"，泥巴上可以看到一个个圆孔。

童年时，邵钦祥经常跟着勤劳的母亲去"笃泥鳅"，渐渐地学得了这一技能，且成为村里"笃泥鳅"高手。后来，投身商海的邵钦祥将这一本领举一反三，透过现象看本质，抓住了转瞬即逝的机会，硕果累累。

13岁时，成绩优秀的邵钦祥小学毕业，但当年由于"出身"问题，未能继续学习。为此，他曾非常苦闷，但很快调整了过来，觉得社会大学也能有所作为。

生产队时，每户人家能用作肥料的炉灰等都要归到集体去，时常会挨家挨户过秤。而过秤时，需要记工员。有一次，碰巧记工员不在，就让小学刚毕业的邵钦祥代记。当时，邵钦祥未带纸笔，只是在旁边看着。几天后，生产队开会，记工员让邵钦祥把记好的数字给他。邵钦祥把每家每户的数字报了一遍，因为关系到自己的切身利益，村民竖着耳朵听，居然没一个记错。从此，钦祥伢子好记性传开了。

1970年，当地修渠道，需要打炮眼和挑砟子，前者是技术工，工分自然要高些。到了工地，从来没有打过炮眼，才16岁的邵钦祥硬是选择了前者，且很快变成了熟练工。

因为办事牢靠、能吃苦耐劳，1976年，22岁的邵钦祥被选为村干部，职务为生产大队长。

二、婚宴停电

1978年农历七月十八，邵钦祥新婚大喜的日子。为了把婚礼办得体面些，他准备按照当地习俗举办盛大的婚宴，热热闹闹庆祝一下。

当时，花园村刚用上电，但因电力供应不足，时常停电。为了应对停电，隔壁马府村置办了柴油发电机，即便碰上停电也能保持电力正常供应。

因为担心婚宴时停电，邵钦祥找到了马府村村干部，希望从该村扯根电线到花园村，以确保婚宴的照明。马府村村干部自然痛快地答应了，说这是你邵钦祥的大事，你自己拉根线接上就是了。

婚宴上，明亮的电灯将美味佳肴照得清清楚楚，宾客们兴致很高，现场气氛热烈。邵钦祥心里不禁多了份自豪，脸上多了层光彩。但婚宴中途突然停电了，婚礼现场顿时陷入一片黑暗、混乱之中。

跑到马府村一看，是有人拔掉了保险盒。后来再深入了解，原来马府村个别人以为贫穷的花园村人在摆阔，故意捣乱。

虽然很快恢复了电力供应，但邵钦祥心中很不是滋味，他很生气，花园村人也很生气。然而，人穷志短，也只能忍气吞声。

"人穷被人欺，村穷才受气。"很长一段时间，邵钦祥反复念叨这句话，不断鞭策自己。

三、带头办工厂

怎么改变穷困？家庭联产承包责任制的实施，充分地激发了农民的主动性。

传统的农业生产之外，邵钦祥不断寻求和探索致富之路。他捉过泥鳅，放过鸭子，贩卖过泥鳅干、茭白等，只要有商机，他都努力去尝试。

渐渐地，他明白了一个道理，那就是几百年来"面朝黄土背朝天"的农业生产改变不了贫穷。"要想改变现状一定要转变思路"，在他脑海中闪过这一念头，且越来越清晰。那就是资源贫瘠的花园村，村民需转变观念，不能只盯着那一亩三分地，而要"以工富农"。

后来，他总结为：洗脚上田，以工富农，以工强村，以工兴村。

改革开放的第二年，即1979年，离花园村不远的大南山办起了矿烛厂，且生意红火。在花园小学教书的郭老师是大南山村人，在闲聊时把这一信息告诉了时任花园村村支书邵福星，邵福星当时没说什么。

两人第二次见面聊起这事时，邵福星叫来了年轻的邵钦祥，想请他拿个主意，邵钦祥又找来了二哥邵钦培。

因为当时农村经常停电，自己婚宴也遭遇停电，邵钦祥想蜡烛需求量应该大。可办蜡烛作坊，每家至少要投入500元。邵钦祥经历过激烈的思想斗争：如果失败了，不仅是自家可能揭不开锅，还得连累二哥和老书记家。但如果不尝试，永远脱离不了贫困的魔咒。

邵钦祥在周边村庄认真做了调研，因当时农村经常停电，蜡烛需求摆在那，周边村庄蜡烛工厂少。他认为应该有生意，决定搏一把。老书记邵福星和二哥邵钦培则充分相信邵钦祥，认为他的决定不会错。

他们商量后，马上决定开干。那时500元可是个大数字，三家都是翻了箱底、东拼西凑。每家出资500元，占股比例一样，厂房就设在一户村民家没有楼板的两间黄泥房里。后来，邵钦祥好友天云也参与了进来。

第三章 邵钦祥小传

1981年5月邵钦祥等人筹资创办的蜡烛作坊

说是工厂，其实就是一个小作坊，但这是几家人的全部家当和希望。他们做了较为明确的分工，男的在外找原料、跑市场，女的在家负责生产。很快就到了年底，虽然只开工了几个月，每股却净收入500多元。500元在当时是个大数字，几乎让人难以置信。更为重要的是，小小的蜡烛点燃了邵钦祥和几个合伙人的希望。

花园村蜡烛厂生意好，消息很快传遍了花园及周边村庄，一些胆大的村民纷纷跟进。但随着国家建设的推进，缺电的乡村逐渐减少，电力供应也趋于正常，停电时间少了。生产供应增加，而市场需求减少，蜡烛销售自然受到影响。

土地承包到户后，和周边其他村子一样，花园村也有不少家庭置办了手工草席机，农闲时间可以赚点加工收入，但这些还是传统意义上的农村副业。邵钦祥家也有手工草席机，但他认为没什么出路。

一天，邵钦祥正在家加工草席，泉府村党支部副书记金顺立来到花园村。金顺立曾是南马水利水电管理站站长，曾为花园村建过三级电灌，再加上又是村干部，金顺立和邵钦祥是老熟人。他这次来，给邵钦祥带来了一个天大的好消息。

原来，山外面的南马地区已经办起了多家服装厂，且生意都不错，刚好有一家服装厂因为两位合伙人意见不统一而散伙了。正在编草席的邵钦祥立即放下了手中的活，找到了老支书商量，想办服装厂。但服装厂毕竟不同于蜡烛作坊，投入也大，一向谨慎的老支书说到了很多难题，比如无资金、无资源、无销路，每一个难题都是横在他们面前的拦路虎。

这些问题，邵钦祥也一一分析过，服装厂投资大，资金确实很难筹集，且投入越大风险也就越高。主要还是销路，当时他们连市场的含义都没弄清楚，更何况去找市场、找销路。

但办蜡烛作坊的经历给了他勇气，他认为只要有决心去做，问题应该可以迎刃而解。如果不去试，则有可能会错失良机。

最后，邵钦祥说服了老支书，和二哥邵钦培、金顺立等人，集资18000元开始办服装厂。

1981年10月，经过紧张筹备的花园服装厂正式开业，这是花园村第一家真正意义的工厂。缺人手，邵钦祥请来了裁缝出身的老父亲作验收员。二哥邵钦培虽然参了股，但当时还在学校当老师，只能兼职做个会计。邵钦祥担任服装厂的厂长、金顺立为副厂长，还聘任了合伙人跑市场。

然而，办服装厂完全不同于蜡烛作坊，邵钦祥因为没有经验吃过不少亏。蜡烛主要销售在花园周边，而服装则基本在外地大城市大商场，这些地方他们当时去都没去过，更谈不上了解市场了。

他们曾因货款不能及时回收而无钱买原料，好不容易筹到原料款却因为兼职会计汇票写错了个字耽误了半个月。好不容易买到原料，在路上又遭遇变故，等到原料到花园村里已是年底，错过了最佳销售期。

刚开始办厂时，邵钦祥不懂市场，也没跑过市场，对市场没什么概念。当时，东阳时装三厂有名供销员有渠道，跟邵钦祥说服装厂所有的服装可由他来包销。这自然是件大好事，解决了销路，自然是扩大产能。村民见能赚到钱，也纷纷要求入股。这样，服装厂又增加了股东，扩大到11股，每股增资6000元。其中，也有好几个人合投一股。有了钱，接下来就是招人，很快工厂增到了五六十人。

工厂扩大，产能迅速提升，生产出来的衣服交给前述供销员销到了武汉某商场，原本以为只要管好生产，等着收钱就行了。

按照合同约定，对方收到货后一个月需支付完所有款项。可眼巴巴等了一个多月，没有任何动静。邵钦祥坐不住了，和邵福星一起，带着两个金华火腿去了武汉。找到商场负责服装方面的经理，对方告知，东阳时装三厂发了函，商场只认三厂的，不销售供销员个人对接的产品，且没有任何变通余地，他俩只得垂头丧气地回到了村里。

经历了这次惨痛教训，邵钦祥深刻感受到市场的重要性，且一定要掌握在自己手中。于是，他和服装厂核心骨干开始走南闯北找市场。背着样品，乘火车北上，他们见站就停，然后直奔各大商场。

渐渐地，花园服装厂构建了自己的销售渠道，走出了困境，实现了盈利。正当邵钦祥准备大干一场时,有些合伙人想法发生了变化,提出要撤资单干。人各有志,邵钦祥不勉强,还给予了相应的帮助和支持。很快,一批人办起了工厂,光花园村就有20多家服装厂。且不只是服装厂,一批批工厂如雨后春笋般"冒"了出来。

四、牵头成立工业公司

合伙人纷纷离厂,邵钦祥的决心并未因此动摇。在他的带领下,服装厂销售渠道不断扩展,规模也随之扩大,生意蒸蒸日上。

20世纪80年代中期,通过开办工厂,花园及周边村庄一批村民致了富,而居住的仍是泥瓦房。在农村,村民有了钱第一个想到的自然是建房,一时间,砖瓦需求剧增,供不应求。

邵钦祥敏锐地捕捉到了这一商机,紧接着,他又承包办起了砖瓦厂。

介入砖瓦厂,不仅增强了实力,还为工厂及村里建设找到了优质稳定的建筑材料。此后,服装厂建厂房,村里建影剧院,村民建房子,都是由这个厂提供红砖。

此后几年,邵钦祥敏锐地察觉到多个商机,并抓住了每一次机会,相继开办了磁钢厂、锁厂、吹塑厂等。通过开办工厂,安置村民就业越来越多,邵钦祥的财富也逐渐积累了起来,反哺村庄的能力越来越强。

村里缺公共文化设施,1986年,腰包鼓起来的邵钦祥和另外两位合伙人一起捐资15万元,在当时不到400人的花园村建起了建筑面积1100多平方米、有800个翻背椅子的影剧院,这在当时的东阳引起轰动。

也就在那一年,邵钦祥当选为花园村党支部书记。此时,他深感责任越来越大,共富的想法也越来越强烈。"花园村下一步该怎么走?"夜深人静的时候,邵钦祥时常被这个问题困扰。

生意做得红红火火,邵钦祥成了远近闻名的乡镇企业家,村里企业也有了几十家。但在市场经济下,小企业、小作坊问题开始显现。比如产品质量差,竞争能力不强,污染环境等。邵钦祥和其他企业主多次交流、座谈,他们也碰到了瓶颈,市场开拓越来越难,普遍认为整合在一起利于做大做强。

方向定了,但具体怎么合?合并后怎么管理?一连串的问题又涌了出来。1991年,凭借多年积累下来的好口碑和村里公认的能人,由邵钦祥来牵头,以他一手创办的8家企业,联合村里另外46家企业,组建了花园工业公司。

公司和村庄发展怎么兼顾?为实现多年前的共富梦,邵钦祥主张实行村企合一,一套班子两块牌子。从那时开始,大股东邵钦祥和其他股东们就把企业与村庄捆绑在了一起,休戚与共,为共富打下了基础。

工业公司成立后,花园村多头并进,规模优势显现,当年产值就超过了1000万元,创利税100多万元。花园村村民实现了百分之百就业,越来越多的外来人员来到了花园村就业。

五、浙江大学编外学生

因发展需要,花园工业公司升格为花园工贸集团,并建造了集团综合楼。

1993年1月18日,花园工贸集团综合楼举行竣工典礼。在此之前,请谁参加典礼曾让邵钦祥费了些心思。当时,处于快速发展中的花园工贸集团也需要通过典礼的形式向外界传递信息。但办企业多年,善于学习的邵钦祥深知管理、科技的重要性。无疑,竣工典礼是一次与高校联系的好机会。

当时,浙江大学、杭州大学、杭州电子工业学院是浙江省内著名高校,他决定以自己名义邀请三所高校校长参加。后两所学校的校长都可通过熟人把请柬送达,而浙江大学却没法实现。

集团副总马文德说起这些情况时,邵钦祥突然想到了一个法子,那就是在请柬前面加上"学生"两字。邵钦祥想,校长如果听说自己的学生经商还办起了集团公司,应该会关注,即便自己没时间也很可能会委托人参加。另外,尽管自己不是浙江大学毕业,但浙江大学毕业生那么多,作为校长哪能知道每一个学生的名字。

就这样,写着"学生邵钦祥恭请"的请柬到了时任浙江大学校长路甬祥的桌上。正如邵钦祥所预料的,路甬祥校长有事没去,但委派了副校长和办公室主任出席。参加典礼后,浙江大学副校长和办公室主任向路甬祥校长汇报了这些情况,并道出了其中原委,路校长会心一笑。

而他这个"编外学生",也因此与路甬祥建立了联系。几年后,实现了与中科院维生素D3项目的合作,集团从此向科技进军,早早就实现了转型升级。

六、逐步实现共富梦

公司快速发展，实力越来越强，反哺村庄的能力自然越来越大。

从办厂开始，邵钦祥就每年拿出一部分利润支持村里发展，比如前面提到的影剧院。他创办的砖厂，对花园村村民全部实行半价。

自1988年开始的旧村改造，邵钦祥不仅身体力行推进，还捐了不少钱。

企业发展了，花园村也要发展。邵钦祥从办厂开始就没有忘记村里的事，入党的那一刻也更坚定了他要带领更多人致富的信念。其实，无论是邵钦祥先人一步致富后带领原花园村民一起发展，还是原花园村合并周边9个自然村后实现"1村+9村"共同进步，都是对"先富帮后富"共同富裕模式的诠释。

"我是富了，但什么时候全村的农民都能达到发达国家的生活水平呢？如果个人的财富能帮助改变农村的面貌，那才真是物有所值！"这就是邵钦祥共同富裕的财富观，这种和每个村民休戚与共的利益关系，成为他做好基层工作的利器。

2004年10月，东阳市进行行政区域调整，花园村与周边9个行政村合并为新的花园村，拉开了花园村更加广阔的新农村建设新序幕。面对新老花园村民的种种疑虑和猜想，邵钦祥作出"一年小变样、三年大变样、五年奔小康、十年奔大康"的承诺并实施"一分五统"的治村理念。

很快，在很多人将信将疑的目光中，旧房子一幢幢推倒，新房子一幢幢竖起来。几年时间，一个全新的花园村呈现在他们眼前。就这样，花园村产业发展了、环境美化了、村民富裕了。

2017年2月25日，在北京举行的宣传贯彻中央一号文件精神暨2017"三农"发展大会上，揭晓了"2016中国农村新闻人物"名单。花园村党委书记邵钦祥等10位奋斗在全国各地"三农"领域的代表获此殊荣。

组委会给邵钦祥的颁奖词这样写道：你把办厂积累的数十亿元，无私奉献出来建设家乡，用30多年的时间实现了祖辈600多年的梦想，让"村名花园不长花"的穷乡僻壤成为了中国十大国际名村……

随着村集体经济的壮大，从2005年开始，花园村每年用于公共服务和村民福利投入超过2亿元。

在花园村，每位村民都享有养老保险、医疗保险、失地农民保险、农房改造补贴等30多项福利政策；80岁以上的老年人，每年可领2000元到

1万元不等的高龄补贴；大学生、研究生享有每年1万元到5万元不等的回乡创业基金；困难户可申请扶困补贴，村民看病自费部分还可向村里报销一半。

村里引进了浙江师范大学附属东阳花园外国语学校，实行从幼儿园到高中的16年一贯制双语教学，不仅为本村村民提供了优质的教育资源，还吸引了周边县市学生前来就学。

在花园村，外来人员也享受相应的待遇。自2015年开始，外来人员在村里买房、住宿、购物等，可以到村里报销一部分。村里的剧院、图书馆、医院、公园以及免费公交车等公共设施服务，外来人员和本地村民享受同等待遇。为照顾务工者家庭孩子教育，村里还专门建造了花园幼儿园分园。

但邵钦祥并不满足于此，因为他的目标是共富。他有自己的"共富观"且不断升级：既要共享，更要共创。邵钦祥提出了"两创"花园新模式："村集体创造环境和服务，村民创造实业和财富"。在花园村，人人都有创业致富机会。

为了这个目标，他没有双休日，也没有节假日，大年初一依然坚守岗位。邵钦祥自嘲："我是属马的，命里注定一生要马不停蹄地奋斗。"在他看来，工作是比生命还重要的东西，那是幸福感的主要来源。

2019年10月1日，花园村党委书记邵钦祥在国庆观礼现场

"国庆阅兵,举世瞩目,彰显了国家实力。作为一名农村基层党组织负责人,既深切感受到祖国的繁荣富强,也深刻领悟到肩负的责任!"2019年10月,参加庆祝新中国成立70周年大会等活动回到花园后,他激动地说道。

"大河有水小河满。国家强,民族旺,老百姓才会好。"邵钦祥感慨万千,我们今天的美好幸福生活,是在党和国家的正确领导下,干出来,拼出来,奋斗出来的,我们要长期继承和发扬老一辈革命先烈们敢为人先、敢创大业、敢争一流的精神,以习近平新时代中国特色社会主义思想为指引,不忘初心,牢记使命,为实现中华民族伟大复兴的中国梦继续奋斗不息。

在2020年新年献词中,邵钦祥这样表述:2020年,是我国全面建成小康社会和"十三五"规划的收官之年,我们处在新的历史方位,要进一步深化提档升级、追求更高质量、实现全面进步。人行半山须努力,登凌绝顶莫辞劳。越是吃劲的时候,我们越要鼓足干劲、擂响重锤、奋力拼搏。

乡村振兴路上,邵钦祥仍在不断奋进。

第四章
穷则思变，作坊起步

地处浙中的花园村，虽然也靠山，但却曾连烧火做饭的柴都没有。饮用水也是大问题，村里的水井碰上干旱就没水，不得不去隔壁马府村挑水。

因为实在是太穷，曾经外面的姑娘不愿嫁到花园，花园的姑娘也是早早地就嫁到了外村。

村穷人受气，最典型的是邵钦祥的婚宴停电一事。花园人苦苦思变，也尝试了很多方式去改变……

一、靠不了山吃不上水

俗话说：靠山吃山，靠水吃水。

因为取材方便，且几乎无需成本，在农村，做饭烧水等曾都是靠烧柴，砍柴曾是村民生活的一部分。柴的来源非常广，有树枝、灌木，也有秸秆、杂草等。前者耐烧、火旺，烟尘少，通常为首选。后者起火快，烧得也快。也有砍树劈柴，这是上等的好柴，通常只有在过年时才用。

花园村四周大大小小的山倒是不少，但山上多是石头，树少，灌木丛也不多，几乎无柴可砍。

但在那个年代，一日三餐都得用柴，怎么办？他们不得不到更远的地方去砍柴，比如，村东边的东阳江、八达等山区柴多，但得坐轮渡往返，来回一趟得一整天，村民们通常是凌晨两三点出发，天黑才能到家。

当时，因为花园村及周边缺柴，柴还能换点零花钱。为了多拉点柴，

第四章 穷则思变，作坊起步

邵钦祥和村民没少吃苦。

有一回，邵钦祥和邵钦流、邵钦月等几个出去砍柴。因为太热，走到半路上，邵钦祥起痧了，浑身无力。这可愁怀了另外几个伙伴，他们一边照顾邵钦祥，一边把柴装上轮渡，运到大坝脚下，再用推车把柴推回家。

这一次，他们差一点没赶上船。如赶不上，意味着他们得在一个叫八达的地方住一晚。等到三点多轮渡从八达开出，到家已经是晚上八九点了，不仅饥饿、口渴，且疲劳至极。但每走一趟，每人能拉150~200公斤柴，即便再累再苦，下回还得去。

年龄大的花园人几乎都有这样的经历，跋山涉水，走到数公里外的山上砍柴。

日常生活离不开柴，更离不开水。

花园村坐落在一个小平原中缓缓隆起的山坡上，缺水严重。耕地因为缺水，收成极差。

山洼洼里的水田，都得靠水塘灌溉，碰上天旱，很多水塘没几天就干了。为了灌溉，花园人不得不用水车一程一程往上送。用这种方式取水，劳动量大，往往还具有很大的不确定性。因此，花园村老一辈的人总感叹："生在花园命苦。"

耕地缺水可能没有收成，或收成差，结果是饿肚子。

不只如此，生活用水也是个大问题。碰上天旱，村里的水井经常无水，但一路之隔的马府村却有水。因此，花园人总挑着水桶去隔壁马府村挑水。虽然是邻村，很多都沾亲带故，但为打水花园人没少受气。时常碰到马府村一些村民"刁难"，或恶作剧。此时，再大的委屈，花园村人也只得忍耐，谁叫你在人家村里打水？

二、苦苦思变

马府村不但泉水丰富，很多方面都好于花园。马府村通电早，村里早就用上了碾米机。为了应对农村停电，村里还买了柴油发电机。

马府村用上明亮电灯时，花园村还是靠油灯照明。花园村好不容易用上电，但因为彼时电压不稳，时常停电，家里都得备上油灯、蜡烛。

因担心自己婚宴时停电，邵钦祥找到了马府村村干部，从马府村接了根线，但婚宴中间却突然一片漆黑，原来是有人拔掉了保险盒。在农村，这被视为不吉祥。花园人及亲朋好友闹着要找拔保险盒的人算账，邵钦祥也很生气，但他很理智。他觉得，即便搞清楚了是谁，揍他一顿出口气，也没法从根子上解决被人低看的问题。

问题的根源是太穷，他思来想去，并没有去追究拔下保险盒的人，而是以此不断鞭策自己要想办法改变。

邵钦祥放过牛、养过鸭、耕过地、砍过柴、捉过泥鳅，也贩卖过干泥鳅等，在东阳农村能干的事，他几乎都尝试过，但都没法改变自己的贫困。

花园村其他村民也是一样，在祖辈留下的农业项目方面用尽了全力，仍然是一贫如洗，度日如年。

很早以前，东阳木雕以悠久的历史、丰富的种类、生动的神韵、精美的雕饰、精湛的技艺和广泛的表现内容而声名远扬。

东阳自古好学成风，但能考取功名的毕竟只是少数。很多未能考取功名的，不愿从事农业生产，转而投身于工艺复杂的木雕。渐渐地，从事木雕的东阳人越来越多，东阳木雕成为一大产业。

如今，东阳木雕之外，建筑也赫赫有名。

离花园不远的义乌，也是资源匮乏。当地人为了生存，曾不得不走村串户做鸡毛换糖生意。多位义乌商人曾描述过当年的情况：通常是年前从义乌挑着红糖、针线等小商品出发，长途跋涉到江西、湖南等地，以小商品换取当地农村鸡毛等物资，集纳一定量后通过邮局寄回义乌，等到次年三四月农忙时才回家，不误农时。

寄回来的鸡毛，再卖给当地的工厂，赚取差价。

当地羽毛等加工厂就是在这个阶段应运而生的，当时它解决了农村数千人的就业问题，换回了外汇，增加了政府的财政收入，也增加了农民收入，可谓利国利民。后来，义乌小商品市场不断发展，成为全球最大的小商品市场。

正如义乌人为了生存走南闯北鸡毛换糖，东阳工匠们也走了出去。当地曾流传：一把斧头一把锯，哪里合算哪里去。

农村推行家庭联产承包责任制后，提高了劳动生产效率，农闲时间外出务工的开始多了起来。因为紧挨着江西，因此江西曾是东阳人的主要务工地。

1978年，邵钦祥的表哥马樟德在井冈山承包工程，春节前汇了100元回家。当时100元绝对是个大数字，这个信息传到花园都轰动了。于

第四章　穷则思变，作坊起步

是，邵钦祥和另外几个村民去了江西。务工收入确实远高于在家务农，但邵钦祥觉得依靠卖苦力还不是个好办法。第二年，他们一行回到了花园村。

1979年，邵钦祥在担任生产大队长期间，决定改变村里缺水的现状。他和时任村支书邵福星商量，从水库用电灌提水灌溉，这一设想也得到了上级政府的支持。

当时已经分田到户，劳动力也是个大问题，村里按照工程量分配，村民们都积极支持，各尽其能，很快就完成了电灌工程，改善了耕地，收成得到了保障，不再靠天吃饭。

吃饭问题可勉强解决，但花园人仍然很穷，怎么改变贫穷？邵钦祥再次陷入沉思。

解决了村内耕地用水难题，农业生产有了保障，邵钦祥开始思考如何让村里富起来。刚开始，他并没有清晰的路径，只是坚定认定：农业资源缺乏的花园村，搞传统农业连生活都难，肯定是没有出路的，一定要变……

三、洗脚上田，作坊起步

小学毕业的邵钦祥，特别爱好学习和善于琢磨，经历过无数个不眠之夜后，他认定：农业资源缺乏的花园村，搞传统农业肯定是没有出路的，一定要以工富农。

但具体如何以工富农，他也没有明确的路径，决定自己试试看。

1978年5月，一篇名为《实践是检验真理的唯一标准》的特约评论员文章在《光明日报》刊发，掀起了席卷全中国的真理标准大讨论，成为撬动改革开放的思想杠杆。

当年12月18日，十一届三中全会召开，这次全会适应了国内外形势的发展变化，及时果断地决定从1979年起把全党的工作重点和全国人民的注意力转移到社会主义现代化建设上来。由此，中国开始了从"以阶级斗争为纲"到"以经济建设为中心"、从封闭半封闭到对外开放的历史性转变。

我国开始实行对内改革、对外开放的政策。随着改革开放的推进，沿海省份浙江、广东等地农村开始出现了大量的作坊和乡镇企业。

今天，很多知名度高的企业也源于那个时期。

比如，20世纪80年代初期，浙江温州柳市是闻名全国的低压电器生产基地。在改革开放的春风吹拂下，当地大大小小的加工厂林立，其中包括今天赫赫有名的正泰集团。自1984年创立后，正泰集团从初创时浙南一隅的民营小厂，发展成为国内低压电器龙头以及新能源领军企业，拥有从发电、输电、储电到变电、配电、用电等电力装备全产业链集成优势，逐步实现向智慧能源解决方案供应商的跨越式发展。如今，业务遍及140多个国家和地区，全球员工超3万名，年营业收入超800亿元。

总部在浙江省长兴县的天能集团，起源于一家村办矿灯厂。目前，集团拥有60多家国内外子公司、2万名员工，年销售额超过1300亿元。2019年8月22日，"中国民营企业500强"发布，天能集团排名第30位。

土地承包到户后，和周边其他村子一样，花园村也有不少家庭置办了手工草席机，农闲时间可以赚点加工收入，补贴家用。但这些还是传统意义上的农村副业。邵钦祥家也有手工草席机，但他总认为没有什么出路。

1981年，邵钦祥和老支书邵福星、二哥邵钦培创办了蜡烛作坊，开启了花园村以工富农之路。经过蜡烛作坊的尝试之后，他们又创办了花园服装厂。尤其是后者，获得了巨大的成功，激励了更多的村民。

四、村里掀起办厂潮

自然，比起蜡烛作坊，从困境、挫折中走出，快速发展的服装厂示范效应更强，激励、带动了一批人，村里掀起了办厂潮。

正当邵钦祥准备大干一场时，有些合伙人要撤资单干。这些曾经共同闯荡商海，在邵钦祥身边耳濡目染的合伙人认为单干挣得更多。

人各有志，邵钦祥不勉强，还给予了相应的帮助。

在邵钦祥的鼓励和带动下，村民走出山村，见识到外面世界的精彩，被震撼了。村里一批头脑活络又有胆识的村民，开始闯进五彩缤纷的商品世界，服装厂、纸箱厂、蜡烛厂、绣花厂等企业在花园村应运而生。到1989年，全村已有14家企业，从事工业、商业的劳动力486人，几乎家家户户都在从事商品生产和经营。全村企业总产值从零开始扶摇直上，1988年达386万元，人均收入从最初的200多元上升到1292元。

邵钦祥在苦心经营服装厂的同时，抓住有利时机，先后又办起了吹塑厂、甜菊糖苷厂、华丽服装厂、时装面料批发部、砖瓦厂。

通过开办工厂或作坊，一些花园人腰包渐渐鼓了起来。

第五章
联合组建工业公司

20世纪80年代,在邵钦祥的带领示范下,作坊、工厂如雨后春笋般在花园村"冒"了出来。

彼时,不仅是花园村,在浙江多地开办了不少乡镇企业,小工厂林立,市场竞争加剧,日子自然开始越来越难过。

这种现象初露时,邵钦祥就敏锐地感受到了危机,思量如何做大,如何通过规模、质量取胜。最后,邵钦祥以他名下8家企业和46家户办联办企业合并,组建花园工业公司,这是金华市首家村办工业公司,开启了"以工富农"的新阶段。

一、乡镇企业大发展

在改革开放春风吹拂之下,村办、乡镇企业越来越多。

1984年,中共中央下发文件,进一步肯定社队企业的作用,将社队企业正式改名为乡镇企业。同年8月,浙江省政府根据中央文件精神,出台《关于加快发展乡镇企业的若干规定》,把加快发展乡镇企业作为全省经济发展的重要战略。自此浙江省迎来了发展的第一个"黄金时代",也为浙江民营经济蓬勃发展提供了土壤与养分。

今天很多知名民营企业曾诞生于那个时期。比如地处浙江湖州的天能集团,就曾是一个资本8万元、年产值不足10万元、仅有20多名员工且负债累累的村办小厂。地处浙江宁波的雅戈尔也是从一个靠自带尺子、剪刀、小板凳拼凑起来的戏台地下室的原始手工作坊发展起来的,其前身为宁波青春服装厂，一个村办企业。

离花园村不远的永康县，是有名的五金之乡，堰塘经验曾经被广泛宣传。堰塘是永康一个村，1970年，堰塘村办起了秤钮组，1975年又创办了钉秤组，把钉秤工具集中到大队，统一上下班，采取以工分计酬的办法，但大家吃官饭打官鼓，开着小铁炉磨洋工，效率低下。

1981年全面推行家庭联产承包责任制后，堰塘村村民积极性高涨，纷纷开办了家庭作坊。

村里也顺应村民要求，让他们自找业务、自产自销。可难题来了，衡器及配件的推销与业务承接多数是与国营集体单位联系，需要介绍信和统一发票，汇款需要单位和账号。

为解决这些难题，村里就把一家一户的家庭工厂组成联合体，办起了五金厂，确定专人管理日常事务，统一开具介绍信、销售发票等，按每户销售额计算，6%上缴国家税收，1%上交公社作管理费，3%作为大队集体积累。

一时间，堰塘村80%以上的农户开办了衡器制造作坊。有了积累后，村里还购买了3台冲床替代手工工序，大大提高了工效。1982年，堰塘村总收入从1979年的16万元猛增到71万元，人均收入5年增长了6倍多，成了永康县有名的"冒富村"。

1982年秋，时任金华地委书记厉德馨到堰塘村考察。厉德馨走进一间厂房，一站就是10多分钟，而3名农民工专注干活，没有一人抬头看他。厉德馨大加赞扬：干活这样卖力，大有希望。

此后，厉德馨在金华各市县常委上岗培训会上讲了堰塘现象。年底，他还在金华市公社书记会议上大力推广堰塘经验，媒体纷纷报道堰塘经验。

类似这样的企业越来越多，一方面解决了大量农村剩余劳动力的出路问题，为农民增收作出了重要贡献；另一方面活跃了地方经济，为地方经济发展贡献巨大。

但如果同类型的企业增多，而需求没有得到相应增长，自然面临的竞争将加剧，市场将优胜劣汰。

20世纪90年代初，邵钦祥察觉到了危机。平时和其他经营户闲聊中，邵钦祥发现，村里一些工厂生意也越来越难做。

随着生产供应的增加，竞争越来越激烈，利润空间越来越少，接下来自然是拼规模和质量。

第五章 联合组建工业公司

碰到生存压力其他企业主也开始有了合并做大的意愿。时机成熟后，邵钦祥以他名下8家企业和46家户办联办企业合并，但接下来一系列遭遇让邵钦祥始料未及。

二、开公司受阻

1991年，经过前期密集的调研、座谈，邵钦祥和另外46家企业负责人达成一致意见，那就是以村办企业的名义，聚合成一家公司。可是，当他兴冲冲地跑到花园村所在的南马镇汇报时，镇领导却迎面泼来了盆冷水："村里搞什么公司，办个工厂不就行了么！"

当时，南马所在的东阳，东阳所在的金华市，尚没有村办工业公司的先例，因此乡镇领导很不解。

在邵钦祥的耐心解释下，尤其是讲到发展大势和公司经营设想时，镇领导总算理解了。当时，南马镇工业办负责人马文德给予了充分的理解和支持，帮着邵钦祥做了不少工作。就这样，邵钦祥总算拿到了批文，并办好了工商执照。

本以为万事大吉了，可去银行开户时又碰了壁。反复协商不成，转身离开银行的一刹那，向来乐观、坚毅的邵钦祥流下了伤心的眼泪。

但他并没有想过放弃，而是分析原因，他认为问题的根源是旧体制掣肘。考虑到自己干的是以前没有过的事，他也多了份理解，要做的是说服工作。

不懈努力下，总算办齐了各种手续，成立了金华市首家村级工业公司，这是金华市首家村办工业公司，曾被《金华日报》等媒体报道，成为一颗闪耀的新星。

此举实现了强强联合，企业开始向现代化转型。

后来的事实证明，这一举动极具前瞻性，再一次赶上了时代的潮头，赢得了发展良机。

三、合并企业危与机

火车跑得快，全靠车头带。

不管是当初几个人合伙办的作坊、服装厂，还是花园工业公司，邵钦祥都是身先士卒，一马当先。

从散落到聚合，将分散的力量凝聚成一股绳，在市场经济的大浪中，花园工业公司优势渐渐显现。

成立当年，也就是1991年，公司产值就达1000多万元，利税100万元。此后两年，公司快速发展，产值很快超过亿元。

花园村工业公司成立后，在邵钦祥的带领下，投资1500万元，建成占地面积24310平方米，建筑面积15600平方米的融现代化生产、生活、办公、娱乐、文化为一体的新型工业区。此后，又相继创办了洗衣厂、电子器材厂和荣祥制衣、伟祥印刷两家合资企业。公司业务也从单一的服装加工扩展了多个行业齐头并进。

两年后，即1993年，花园工业公司改为花园工贸集团公司。此后，随着业务的不断拓展，花园工贸集团公司又改为花园集团公司。

而当时，浙江很多乡镇、民营企业因曾抱着小富即安的想法，错过了黄金发展期。

当时，花园集团企业内部传出"守摊子"的言论，一些创业元老认为已经很不错了，没必要再冒风险。

对于邵钦祥等人来说，经过十多年，确实财富已经积累到可以衣食无忧的程度。很多人劝他，已经差不多了，可以歇歇了。

也有合伙人满足于已经赚得的财富，认为没必要再冒风险。再者，自创办企业开始，邵钦祥每年都会将赚得的利润拿出一部分用于支持村庄建设，时间长了后，也有合伙人对此颇有微词。

但此时，邵钦祥再一次居安思危，认为不进则退。

他敏锐地观察到，劳动密集型企业越来越多。从经济学角度分析，供应增加，如需求没有得到相应的增加，势必造成产能过剩。

如果按照原有的发展思路，用不了几年，公司不仅难以有大发展，还可能陷入困境。而如果能及时转型，通过科技制胜，则又有可能进入一片蓝海。从生态环境的角度看，高能耗高污染的企业也将渐渐退出历史舞台。

当然，他也理解一些合伙人的想法，于是，出资回购了股权，毅然决定独自承担风险，转型升级。

邵钦祥认为，生产技术落后，产品科技含量不高，人才缺乏已成为制约花园集团发展的主要因素。在激烈竞争的环境下，企业要想进一步持续发展，要保住自己原有的市场，开拓新的市场，必须要依靠科技进步。

为迈出这重要的一步，邵钦祥采取"请进来、走出去"的方法。他们把浙江大学、杭州大学和杭州电子工业学院的教授请到花园集团，邵钦祥等又专程到杭州三所高校，签订了教育和科技合作协议。邵钦祥被聘为浙江大学、杭州大学的校董事，三所高校部分领导被聘为花园集团的顾问，花园集团每年选送10余名优秀青年到三所高校学习有关专业。

和高校的合作，给花园村带来了机会。

当浙江大学两项具有国际水平的科研项目——"聚丙烯中空纤维膜"和"单晶硅"——获得成功后，有10多家企业纷纷上门要求与浙江大学进行技术合作，但浙江大学硬是挑选花园集团作为自己的合作伙伴。

四、重视国际化，农民学外语

组建集团后，企业业务不断拓展，尤其是组建中外合资企业后，接触的外国人也开始多了起来。为了更好地开展业务，邵钦祥曾要求员工学习英语。

20世纪90年代，公司办起了3家中外合资企业，又有一批服装、彩印、制锁、装饰等产品远销国际市场，面对一批批金发碧眼和各种肤色的外国人，着实吃够了语言隔阂的苦头，深感要搞活国际贸易和迎接"入关"，非学点"洋话"不可。于是，邵钦祥规定凡公司科室骨干、所属企业班组长以上人员都要参加英语培训班学习，分初级、中级两个班，初级班共40人，通过学习，要求会普通的礼貌用语、生活用语和简单的生产用语。中级班共22人，通过学习，掌握基本的公司往来业务用语，跟外宾能简单对话，能阅读一般的英语资料。为了办好这个英语培训班，公司曾从杭州大学聘请了3名英语教师轮流上课，上课时间为每周4个晚上。

到1996年，全公司有成员企业34家，其中直属企业16家，员工3112人，高科技人员78名，固定资产总值1.5亿元。企业富了，他一心想的是让花园人住在鲜花丛中，过上丰衣足食的好日子。

第六章
居安思危,及时转型

成立花园集团公司几年后,企业平稳发展,规模大了,但产值始终徘徊在2亿元至3亿元。邵钦祥仔细分析得出结论:劳动密集型企业缺少核心技术和自主产品,容易被模仿,自然难以做大。

"必须实施高科技战略,拥有自主知识产权,铸造企业核心技术,才能在市场竞争中有立足之地,赢得辉煌的明天!今后集团的发展中,企业一定要上高科技项目。"在一次会议上,邵钦祥掷地有声。也就在那时,他决定转型,走高科技之路,尽管前路充满未知和不可预测。

一、不做井底之蛙,谋划企业转型

1995年11月,花园集团被农业部授予"首批全国乡镇企业集团"。当时,花园集团有成员企业34家,产值达到了3亿元,利税2800万元。

在花园集团的支撑下,村民收入不断增长,花园村人均收入达9126元,远高于当时制定的小康标准,即人均年收入800美元。鉴于此,花园村被浙江省政府评为"小康示范村"。

从贫困村步入富裕村,花园人挺直了腰杆,越来越自信。但长期观察市场的邵钦祥却非常清楚地认识到:花园村的企业尽管已经有了较大的规模和实力,但仍属于传统的劳动密集型产业,科技含量低,随着劳动密集型企业的增多,竞争将越来越激烈,企业发展空间将越来越小。

在社会大学学习、历练多年的邵钦祥深知知识、科技的重要性。他认为,公司要继续发展,必须要有现代管理理念,要开阔视野,不做井底之蛙。

因此，早在公司成立之初，邵钦祥就高度重视与高校、研究机构的合作，经常请专家、教授到花园村讲课，提升花园集团的管理能力和效率。

与专家们接触多了，他更加相信科技的力量。在多次出国考察后，开始了企业转型升级的构想和尝试，于是有了前面那番讲话。有了这些合作基础，了解科技方面的信息也变得方便。为了统一思想，在大小会议上，他反复讲述要通过科技进行战略转型。刚开始，员工包括公司一些高管都认为是"天方夜谭"，久而久之，公司上下认可了，并内化为行动的力量。

二、联姻中科院，巨资投科研

1993年，花园大厦竣工典礼上，邵钦祥以浙大"编外学生"的名义邀请到了浙江大学副校长和办公室主任参加，他们回校后向时任浙江大学校长路甬祥作了详细汇报，虽然是碰上了"善良的谎言"，但他们都被邵钦祥的勤奋、睿智和格局感动。从那以后，邵钦祥和路甬祥校长建立了联系，后者渐渐认可了这个有格局的乡镇企业家。

花园集团在路甬祥担任浙江大学校长期间，就与浙江大学在项目、人才、技术等方面进行了广泛的合作，并且签订了科技与教育的合作协议，每年都要选送十几名员工到浙江大学培训。

路甬祥调任中国科学院后，他们依然保持联系。成立于1949年11月的中国科学院，为中国自然科学最高学术机构、科学技术最高咨询机构、自然科学与高技术综合研究发展中心。对于邵钦祥来说，这等于接上了科技的"天线"。

1994年10月，时任中科院常务副院长路甬祥邀请邵钦祥参加了在京召开的"21世纪人力资源和利用国际研讨会"。会上，国内外专家的发言，开阔了邵钦祥的眼界。

后来，他找到了路甬祥院长，说花园集团想投资高科技项目，想请他推荐中科院的项目。对邵钦祥了解的路甬祥院长倒也并不意外，但中科院的专家却很惊讶：一家村办企业来中科院合作科技项目？

在今天看来稀松平常的事，在当时确实让专家们认为不可能。一是两者实在相距太远，前者高居科研金字塔尖，而后者则来自最基层的农村；二是村办企业肯定没有这个实力，也没有这个必要。在专家们看来，高科技是国家战略，村办企业就是承接来料加工之类的低端产业。

1996年,邵钦祥在北京再次找到了路甬祥院长,刚好中科院要派专家参加当年在金华举办的科技博览会。路院长建议他要什么项目,可去会上看看。很快,中科院的专家到了金华,带了10个项目,包括维生素D3。邵钦祥自然不会错过良机,他选中了维生素D3项目。这个产品当时世界上只有3个国家生产,中科院的此项目才进入小试阶段。

中科院院长路甬祥得知此事提醒说:"维生素D3是个好项目,国家需要,但难度大。"但邵钦祥毫不迟疑地说:"难度大,我们可以克服;投资多,我们可以筹措。维生素D3这一好项目,我要定啦!"

在初步选中维生素D3项目后,花园集团副总裁马文德就作为负责人开始调研。"面对这一高科技产品,当时可以说是很少有人知晓,然而选中了不去干就会错过机会。"马文德回忆道。他先与浙江大学联系,却没有教授了解维生素D3;随后又向时任杭州大学校长郑小明讨教,可他也没有涉及该领域,不过后来他推荐了一位教授。这位教授介绍到,自"七五"以来,维生素D3的研究一直被列为国家科技攻关的重点项目,但是始终未有重大突破,上海第六制药厂曾于20世纪80年代生产过,但由于工艺落后成本高,不久就停产了。经过一个多月的调研,终于弄清楚了维生素D3到底是什么。

博览会期间,邵钦祥特意把专家们请到了花园村。耳听为虚,眼见为实,专家们感受到了邵钦祥的诚意,也相信了花园集团的实力。就这样,经多次洽谈,双方签署了中试合作协议。

"七五"以来,维生素D3生产一直被列为国家科技攻关与开发生产的重点项目,但未有重大突破。其生产技术长期被外国三大公司垄断。垄断也意味着市场机会,邵钦祥潜意识里认为,中科院代表国家最高科技水平,国家需要就应该去试。

1997年初,花园集团和中科院感光化学研究所共同组建了北京维迪通化学有限公司。协议签订后,花园集团投资3000多万元在北京买了36亩地,创建了"北京–花园科技小区",吸引了一大批科研人员参与维生素D3中试。

当时,维生素D3市场由国际上三大公司垄断,生产技术一直控制在瑞士、德国等少数国家手里,国内长期处于空白。因为国外垄断这一技术,价格昂贵,长期以来我们只能少量引进。科研人员的目标就是拿出一套自主知识产权的新工艺路线。

战略已定,目标明确。尽管已经做了种种准备,研发难度还是超出了花园人的想象。科研经费一再扩充，第一期双方共同投入的480万元很快用完，追加800万元又很快用完。

科研未取得突破，企业发展遭遇困难，旧村改造正在进行都需要资金……多重问题交织在一起，花园村再次流言四起。有人说："泥腿子"搞什么高科技，瞎搞一通，到头来竹篮打水一场空。

但邵钦祥一如既往，出现在村民面前的他仍然泰然自若，谈笑风生。他深知，越是高科技越是难度大，风险与危机并存。如果不搞，永远没有机会，更何况对于国家来说意义非凡。可是，毕竟是大投入，公司资金吃紧。夜深人静时，他时常陷入深思，也有过纠结。

1997年10月，又一个重大决策等着邵钦祥拍板。中试项目需要追加1350万元投资，但仍然不能保证成功。

办公会议上，围绕这一问题，集团领导班子讨论很激烈。有人认为：如果投入还不成功，损失太大了，还不如承认失败，就当是交了学费。也有人认为：前期都投了这么多，这时不再投入，就一点机会都没有了，继续投入意味着还有机会成功。

当天的会议开了很久，讨论也很激烈，火药味很浓，邵钦祥认真听取每一位成员的发言，并认真记录。最后，他拍板选择了继续投入。

他坚定地表示，哪怕砸锅卖铁，也要继续投入，确保中试顺利完成。

三、十年磨一剑，高科技产品上市

孤注一掷，一锤定音。

尽管反对者心有不满，但既往发展证明，邵钦祥的选择大方向总是对的，他们也渐渐地信任甚至依赖邵钦祥拿主意。

决定做出之后，他一方面广开渠道筹集资金，另一方面要求加强对中试阶段的控制引导，确保产品中试在1999年取得成功。

确实，到了骑虎难下的阶段，输不起。如果失败了，不仅企业发展不了，他那共富的想法可能再也难以实现。

为加强对中试控制，他决定将中试从北京移到花园村。集团副总裁马文德当时负责这项工作，他清晰地记得，在和中科院感光化学研究所商谈此事时，现场一度非常紧张，后者非常吃惊，说不可能。但马文德说是集团作出的决定，一定要执行，他甚至为此拍了桌子。中科院感光化学研究所表示，如果非要移到花园村，一切责任、后果由花园集团承担。

就这样，带着巨大压力和不确定性，中试移到了花园村。花园集团占据了主导权，也意味着责任更大。邵钦祥叮嘱集团科研人员要不断探索，不断改进生产工艺。

苦尽甘来。花园集团重视人才建设的优势开始得到体现，经过科研人员的持续攻关，项目很快取得了突破性进展，且先进性还超出了国际水平。国外公司原先的生产工艺一般采取12步法，而花园集团采取的却是9步法；国外公司产出率为30%，而花园集团为40%。

工艺先进，生产成本自然大幅度下降。国外引进的维生素D3每公斤价格约为4万元，而花园只要1.6万元。

花园集团干脆出资2000万元，全额收购了我国具有完全自主知识产权的产品，并在花园生产基地征用了300亩地，开辟花园生物医药高科技园区，投资1个多亿建起了年产6吨维生素D3结晶、1000吨维生素D3饲料添加剂的工业生产线，当年就实现销售收入8000多万元。

有了核心拳头产品，花园集团围绕它不断加大投入，不断提升产品层次，扩展相关领域。

2004年11月，投资2亿元，具有年产500吨维生素D3油剂和2000吨维生素D3饲料添加剂生产能力的杭州基地正式投产。

2006年4月，时任全国人大常委会副委员长、中国科学院院长路甬祥在听取邵钦祥汇报后如此总结：花园集团的维生素D3是一个产学研结合的突出典型，企业提升自主创新能力的典型，也是建立以企业为主体、市场为导向，产学结合的技术创新体系的典型。它把科学院的知识成果转移到企业，企业把它制成产品，形成规模生产能力，不断扩大，供应国内市场需要，同时也有国际竞争能力。科学家把钱变成知识，变成技术，企业家再把知识和技术变成更多的生产力，完成一个财富的循环。这解决了很多问题——社会就业、企业转型到现在的新农村建设……

2009年9月11日，花园集团与法国安迪苏公司达成战略合作协议，协议约定第一年内，后者至少采购不少于5000万美元的维生素D3产品。

法国安迪苏公司是世界500强企业，全球三大营养添加剂生产运营商之一。当时签约时，安迪苏公司表示，与花园生物合作7年，彼此已取得充分信任，并创造了共赢的机会，希望双方建立更加紧密的战略合作关系，利用各自所有的品牌和创新优势，在国际上建立更强的竞争地位。

经过多年发展，花园生物具有了维生素D3产业链优势。至此，标志着我国彻底打破了国外对维生素D3垄断的局面，生产步入了国际先进行列,生产规模也跃居世界第一。

2014年10月9日,花园生物正式在深交所挂牌上市。这无疑是花园村值得庆贺的日子,当邵钦祥敲响深交所的开市宝钟时,他离共富梦想又近了一步。

从2016年开始,花园生物经营业绩进入高速增长期。

2016年至2018年,花园生物实现营收分别为3.29亿元、4.20亿元、6.60亿元,实现净利润分别为0.44亿元、1.30亿元、3.07亿元。公司2018年营收和净利润同比分别增长57.24%和135.74%。

2019年,花园生物公司销售收入和净利润取得了双丰收,其中,净利润3.5亿多元,已交税收1.5亿多元,上交东阳税收超过1.2亿元,为东阳市经济建设和花园高质量发展作出了较大的贡献。

目前,花园生物是国家高新技术企业,全球提供维生素D3上下游系列产品种类最多的生产厂商,也是可同时生产原材料NF级胆固醇及维生素D3系列产品的生产厂商,是全球维生素D3行业的龙头企业。目前主要产品为饲料级维生素D3油、饲料级维生素D3粉、食品医药级维生素D3、胆固醇和羊毛脂衍生品等,现公司正致力打造完整的维生素D3上下游产业链。

邵钦祥表示,虽然花园生物的营收在整个集团的大盘子里占比并不大,但这家公司的科技含量高,盈利能力强,有完整的产业链,市场竞争力强,如果把花园集团比作一把宝剑,那么花园生物就是这把剑的剑锋。

在维生素D3项目上尝到甜头的邵钦祥更加坚定了科技兴企的信念。

前两年,杭州下沙规划调整,花园生物下沙公司需搬迁。花园集团选择了金华。2019年,花园生物(金西)科技园的建设全面铺开,一期项目建设初具规模,为全面做大做强迈出了坚实的一步。

高科技项目的实施,不仅给花园集团的发展注入了新的活力,而且带动了整个花园集团产业结构的调整和优化,小、多、散的企业格局开始向专业、优势、特色方向调整,火腿食品、服装、建筑、彩印等传统产业进一步做大做强,生物工程和新医药等新兴产业有力崛起,科技成果迅速转化为生产力,花园集团初步形成了"以高科技产业为主导,传统优势产业和新兴产业为配套"的新一轮经济发展的布局。

四、未雨绸缪,稳步发展

进入21世纪以来,花园集团形成了以高科技产业为主导、传统产业和新兴产业相配套的发展格局。其间,邵钦祥十分注重项目的选择,项目不好一定不投资,但是看准了项目就立马投资。

特别是2008年,货币政策从紧,企业融资难,原材料价格不断上涨,出口退税政策调整,劳动力成本大幅上扬,美元贬值……一股股经济寒流,让民营企业感受到了前所未有的"寒冷"。

然而,花园集团未雨绸缪安心谱写稳步发展曲,因势利导全力演绎与时俱进曲,主题讨论全员唱响风险意识曲,并坚持可上可不上的项目不上、非生产型项目不上以及大投入项目不上的"三不上"原则,削减和压缩了大批投资项目,确保了生产资金和流动资金的充裕。

在一些企业因银根紧缩而举步维艰时,花园集团轻装上阵,以管理制度改革等为突破口,促进各项工作的落实,进而实现了逆水行舟舟自稳。到了2009年底,随着国际经济形势的好转以及结合自身企业的现状,花园集团提出了深化改革并实现经济大投入大发展的战略,掀起了花园集团第三次创业热潮。

此后几年,花园集团以推进工业化为重点,以优化升级为主线,通过经济结构调整,逐步实现产业结构的科学化、规模化、效益化,在生物医药、基础材料、建筑房产、包装材料、红木家具等产业上谋求发展。

花园集团所在地花园大厦

第七章
依托高科技战略，企业发展步入快车道

有了核心产品，邵钦祥并没有想一劳永逸，相反，他瞄准市场商机在新材料、商贸等多个领域发力，成效逐渐显现。

目前花园集团主要产业有生物医药、新型材料、基础材料、新能源、建筑房产、包装彩印、红木家具、影视文化、旅游商贸、电子科技、教育卫生、火腿食品及其他产业等。

2019年，花园集团实现营业收入306亿元，实现利税总额15.5亿元，总资产246亿元，净资产119亿元，旗下营业收入超亿元企业12家，其中有4家企业营业收入超过40亿元，最高的超过100亿元。

正是因为有了这些产业的带动，在花园村，城市与农村的界限难以划定，城乡二元分割"荡然无存"。

高楼林立的花园村

一、花园生物不断发展

作为花园集团生物医药产业代表企业,浙江花园生物高科股份有限公司是国家高新技术企业,已成为全球最大的维生素D3生产和出口企业之一,公司院士专家工作站成为全国示范站,"花园"牌维生素D3是与中科院产学研结合的产物,生产技术和生产工艺处于国际领先水平,荣获"国家科技进步二等奖""国家技术发明奖二等奖""中石化工协会科技进步一等奖",现公司正致力打造完整的维生素D3上下游产业链。

前不久,花园生物公告,公司非公开发行股份事宜获得证监会审核通过。此前,公司披露,拟通过定增方式募资10.69亿元,打造完整的维生素D3上下游产业链。

2018年6月,总投资103.6亿元、总用地1600亩的花园集团(金华)生物医药科技园项目在金华经济技术开发区开工建设,致力建成百亿元级生物医药科技园,花园生物公司是首家入园企业。

二、进军高精度铜业

维生素D3项目的成功,激励了花园人,但花园人并没有就此高枕无忧,而是向市场潜力大的高科技行业发起了冲锋。

在"中国制造"大背景下,高精度的铜合金板带等材料需求不断增大,但当时只有几家大企业具有生产高精度超薄铜带的能力。

市场有需求但供应不足,对市场经济极其敏锐的邵钦祥注意到了这一现象。再经过认真调研分析,花园集团决定将铜业定为主攻方向之一。

2008年,受全球金融危机影响,我国经济增速快速回落。当年年底,出台投资拉动政策,开始是2008年4季度先拿了4000亿元,后来扩展到整个4万亿元的投入。

在4万亿元的刺激下,作为制造领域的高精度的铜业需求也进一步增加。

2009年,花园集团成立了花园铜业公司,从事高精度铜板、紫铜带、紫铜棒、紫铜排及异型铜材的加工生产。

工厂一期投入资金就达近亿元,建成生产车间及四条自动化流水生产线。为使企业产品富有竞争力,花园铜业选用了自动化程度高、生产成本低的生产设备。同时，组建了铜合金技术开发中心，加强与科研机构合作，密切关注国内外行业科技前沿信息，集合力量研发市场需要的"高、精、尖"产品。

很快，花园铜业公司的业绩证明了邵钦祥的战略选择。2010年2月1日投产后，花园铜业不到一年时间完成产值近10亿元，利税超过4000万元。紧接着，花园铜业又投资建成了一条年产10万吨的高精度宽幅铜板带生产线。

花园铜业公司坚持推行人才强企创新发展战略，以人为本，苦练内功，加强人才队伍建设，为企业快速发展提供高端智力支持；打开思路，挖潜创新，采用新技术降低能耗，为企业持续发展打下坚实的基础。

为了在铜加工行业中脱颖而出，花园铜业公司一手狠抓生产经营管理，形成了上行下效、有令则行、有禁则止的良好风气，做到了"一分部署九分落实求实效"；一手狠抓市场营销理念，打好了质量牌、服务牌、技术牌、价格牌，做到了"创新营销抢占市场赢先机"。

作为花园集团基础材料的主导企业，花园铜业公司自2010年2月正式建成投产以来，生产了高质量的高精铜板、铜带、铜排、铜棒以及宽幅铜板带等各种铜系列产品，受到了业界的一致好评。

2017年8月，中国有色金属加工工业协会和金华市人民政府联合主办的"2016年中国铜加工产业年度大会"在花园集团召开，会议的主题为"技术创新与资源整合"，国内铜业领域权威专家学者、企业负责人800多人与会。同年12月，花园铜业荣获"2017中国铜板带材十强企业"。

花园铜业公司通过积极创新管理，推动企业走向智能制造，同时持续引进人才，打造精英团队，通过研发新技术、新产品，致力与世界先进企业接轨。

2019年，花园铜业公司从三个方面开展工作：一是修炼内功，降低辅材消耗；二是锤炼经营，提升产品定价，同时做好"降库存、降应收"双降工作；三是技术创新，打造品牌项目，增强企业影响力。

当年，花园铜业公司年产值超过100亿元，年末应收款全部清零；变压器带产品入选世界五百强ABB使用目录，进入德国汉诺威世界工业博览会；完成浙江省重大产业项目"年产6万吨1320毫米超宽幅精密铜板带"建设，向国内外市场批量提供全世界最宽的铜板带产品。

公司生产高质量的高精铜板、铜带、铜排、铜棒和宽幅铜板带等各种铜系列产品，组建铜合金技术研究开发中心，研发市场上急需的"高、精、尖"产品，大大提高了产品的技术含量和附加值，致力于成为铜板带行业领导者以及综合实力居国内国际领先水平。

2019年12月18日，中国有色金属加工工业协会发布2019年（第三届）中国铜棒（排）材和中国铝板带材十强企业评审结果名单。花园铜业公司凭借优质的产品质量、强大的人才队伍、精湛的技术支撑、积极的创新理念以及扎实的企业业绩等，以第七位的成绩荣获"中国铜棒（排）材十强企业"，这是该公司继2017年跻身于"中国铜板带材十强企业"后上榜的又一项国家级榜单。

花园铜业公司生产车间

2019年底，花园铜业公司引进的具有国际先进水平的西马克精轧机高效运行，标志着2018年度省重大产业示范类项目——年产6万吨1320毫米超宽幅精密铜板带项目——建设进入竣工阶段，将为企业后续发展增添动能。

2020年5月，花园集团召开了年度工作会议。花园铜业公司总经理魏锦表示，过去的一年，花园铜业品牌效应显著，成为职业健康安全、环境保护、质量管理三体系同时运行的先进企业。

三、向新型材料领域延伸

喜人的经营业绩再次激励花园人。这次，邵钦祥把目光锁定在新型墙体材料。

由新型墙体材料生产的轻质墙板具有较强的防水和抗水功能，可作为建筑内外墙使用。此外，这种墙板具有单位质量轻、抗压强度高、隔音性能好、施工简单和综合成本低等特点。

让邵钦祥意外的是，经过调研发现，这种新型材料生产时要先形成蜂窝纸芯，加工成蜂窝纸板，再在纸板上贴上不同材质，最终形成轻质墙体。

而成立于2012年3月的花园包装有限公司，在上述领域早已形成了成熟的工艺和技术。

邵钦祥决定，就以花园包装有限公司为基础，向新型材料建筑材料领域延伸，提升产业附加值。

2015年6月，花园包装有限公司股份制改造完成，更名为花园新材料股份有限公司。

资料显示，花园新材料股份有限公司自成立以来，已通过ISO9001质量体系认证、ISO14001环境管理体系认证、18001职业健康安全管理体系认证，获得"国家高新技术企业认定""2015—2016中国纸包装工业纸箱彩盒50强企业""浙江省科技型中小企业""东阳市诚信民营企业""东阳市小巨人企业""东阳市纳税百强企业"等各项荣誉，是中国包装联合会常务理事单位、金华市包装联合会会长单位，是《包装材料 蜂窝纸板》《建筑用纸蜂窝复合墙板》国家行业标准的主编单位。

公司现已形成了统一的规范化管理模式，有着雄厚的包装设计及产品研发能力，拥有三条进口纸板生产线、高速五色印刷机等多台印刷成箱生产设备，以及完整的纸板、纸箱高档检测设备。企业有一家总公司和一家子公司，厂房建筑面积共13万多平方米，职工人数300余人，仓储面积2万多平方米，其中生产车间面积8万多平方米，现已有固定资产人民币6亿多元，形成年产4.5亿元各类纸板、纸箱、墙体的生产能力。

公司主要产品有彩印包装、重型包装、新型材料等，其中由公司自主研制的新型环保轻质墙体材料，具有隔音好、保温好、强度高、成本低、组装快、防火防水、可循环利用等一系列优点，可广泛应用于建筑墙体、内部装修等，现已通过浙江省新型墙体材料产品认定，并取得"浙江省建设科技成果推广项目证书""全国建设行业科技成果推广项目证书"。

公司新型墙体材料在2017年3月全面投产销售，已在省内省外多个旅游景点生态别墅、红木家具厂房、学校宿舍楼、酒店办公楼等工程中应用，充分体现新型墙板优势。

在 2018 年初公司已审批获得钢结构三级施工资质及安全生产许可证，公司新购两条轻钢龙骨生产线，自主生产轻钢龙骨，研发建筑用低多层轻钢集成房屋。该产品可广泛适用于新农村建设用房、旅游景区用房、生态房、农村公厕改革、环保监测用房。

作为花园集团新型材料产业龙头企业，花园新材料股份有限公司是国家高新技术企业，已成为浙中南最大的包装新材料龙头企业之一，名列中国纸包装工业纸箱彩盒 50 强，产品涉及小商品外包装、门业五金工具包装、红木家具包装，是农夫山泉、娃哈哈、蒙牛等知名饮料企业的包装供应商。

花园新材料公司自主研制了多功能轻质复合墙板等系列新型环保建材，具有隔音好、保温好、强度高、成本低等一系列优点，参与《包装材料 蜂窝纸板》《建筑用纸蜂窝复合墙板》等国家行业标准修制定工作，成为全国领先新型墙体材料生产企业之一。此外，公司顺利建成省重大产业项目——年产 1000 万平方米多功能轻质复合墙板建设项目，省内外多个旅游景点、生态别墅、厂房以及学校宿舍楼等工程均已应用，还积极拓展国际市场。

四、花园药业取得突破

花园新材料公司将通过不断的管理创新、技术创新与产品创新，将传统制造业与新型服务业有效结合，全面占领纸包装市场和新型材料市场，把自己打造成专业的包装和新型材料一体化服务供应商。

除花园铜业和新材料公司之外，花园电子科技公司、花园药业公司等也在科技战略引导下，捷报频传。

2017 年 1 月，花园新材料公司、花园金波公司和花园药业公司均被认定为国家高新技术企业。

2017 年 11 月 29 日，第四届世界浙商大会上，花园集团与金华经济技术开发区签署合作协议，共建百亿元级生物医药科技园。

根据协议约定，生物医药科技园项目总投资额达 103.6 亿元，计划用地 1600 亩，全面达产后预计年销售收入 139.7 亿元。

花园药业股份有限公司是国家高新技术企业，已顺利完成股份制改造,"替保"商标是浙江省著名商标,其主导产品心脑健片是国内独家生产和国家中药保护品种,"茶叶提取开发与应用省级高新技术企业研究开发中心"已被认定,公司正以立足大健康产业为契机,聚焦药品和医疗器械细分领域的产品研发与销售,规划药品和医疗器械双引擎驱动并提升核心竞争力,为企业可持续发展夯实基础。而坐落于绍兴滨海新城医疗器械产业园的浙江福瑞喜药业有限公司,致力于呼吸领域用药(雾化吸入制剂)的专业研发生产,力争发展成为国内呼吸系统用药领域领先的雾化吸入制剂专业化生产企业,目前多个二类、三类、四类雾化吸入剂产品已顺利注册申报。

2019年,浙江花园润嘉医疗器械有限公司(以下简称"花园润嘉公司")收到浙江省医疗器械审评中心发出的《浙江省药品监督管理局第二类创新医疗器械特别审批申请审查通知单》,标志着旗下自主研发产品"干眼综合治疗仪"成为浙江省通过创新申请审查的第33个产品,公司成为国内首家系统性治疗干眼症医疗器械生产企业。

花园润嘉公司是一家医疗器械研发、生产、销售企业,其自主研发的干眼综合治疗仪主要由系统主机、软件操作系统、一次性治疗头、蒸汽温热湿房镜部分组成,通过主机协调控制,使眼部在蒸汽热敷的环境中,通过温浴和气动按摩眼睑部位,治疗阻塞型睑板腺功能障碍,达到缓解、治疗病症的效果。

一直以来,干眼症是老年性的慢性疾病,但随着现代人生活方式的改变,比如过度使用电子产品、佩戴隐形眼镜、化妆、受环境污染影响等,干眼症患者人数正在以每年10%以上的速度上升,并且患病人群呈年轻化的趋势。眼部干涩和异物感,或伴有烧灼感、痒感、畏光、充血、视物模糊、易疲劳等是干眼症的常见症状,久拖不治会给双眼带来不可逆的伤害。

花园药业公司总经理、花园润嘉公司总经理方福生表示,经过临床调研,眼科门诊中将近40%的患者是干眼症患者,截至目前,市面上针对干眼症没有行之有效的治疗方法。可以说,干眼症治疗在医疗器械细分领域里还是一块待探索的"处女地"。花园润嘉公司通过临床调查,结合多种治疗干眼症的途径,成功研发"干眼综合治疗仪",全面优化了干眼症系统性治疗方案。

作为花园药业公司子公司,花园润嘉公司为什么选择进入医疗器械领域?答案是嗅准商机,精准抢占市场竞争主动权。当前,全球老龄化现象日益加重、发展中国家的经济增长提高了人均消费能力，长远来看医疗健康行业的需求将持续提升，全球范围内医疗器械市场将持续保持增长的趋势。另一方面，国家为了鼓励创新医疗器械的发展，出台了加快创新医疗器械审评审批、支持医疗器械自主研发创新等文件。

对于花园润嘉公司"干眼综合治疗仪"等通过创新申请审查的产品，浙江省药监局将给予重点扶持，专人对接，优先审评审批，为企业尽快获得注册批件创造条件。

《医疗器械蓝皮书：中国医疗器械行业发展报告（2019）》分析认为，2018年中国医疗器械生产企业主营收入约为6380亿元，到2021—2022年，医疗器械生产企业主营收入将有望突破万亿元，未来十年中国医疗器械行业仍是快速发展的"黄金时期"。

"分蛋糕"也是"啃硬骨头"。方福生表示，医疗器械领域虽有多重利好，但其本质是技术和资金密集型行业，前期资金投入大、研发周期长、行业门槛高，许多创业者望而生畏，心有余而力不足，花园润嘉公司正是有了经济实力雄厚的花园集团做后盾，才做出了今天的成绩。2016年初，花园润嘉公司自主研发的"干眼综合治疗仪"立项，克服重重难关，于2020年年初产品成型，目前已获得5项发明专利、3项实用新型专利、3项外观专利，他们将尽快把研发成果转化为生产力，以造福广大干眼症患者。

"国产医疗器械发展起步晚，曾经一度依赖进口满足市场需求，不仅成本高、覆盖面小，而且还有被扼喉抚背的危险。"花园药业公司董事长魏忠岚如是说，对比国际，欧美发达国家药品与医疗器械市场份额比例为1∶1，而中国药品与医疗器械的市场份额比例为1∶0.25。在药品市场同质化竞争激烈的大背景下，花园药业公司部署药品与医疗器械双引擎驱动企业发展，志在振兴中国民族品牌！

至此，花园集团已经形成三足鼎立的产业格局，三分之一是以花园生物高科股份有限公司、杭州下沙生物科技有限公司、花园铜业有限公司、花园新材料股份有限公司、花园药业股份有限公司为代表的高科技企业；三分之一是以浙江花园建设集团有限公司、老汤火腿、浙江花园农业发展有限公司为代表的企业，这些企业是在传统基础上创新发展而来的；还有三分之一是以东阳花园旅游公司、花园田氏医院有限公司等为代表的现代贸易服务业。

第七章 依托高科技战略，企业发展步入快车道

花园新能源公司

五、守住生态环保底线

"绿水青山就是金山银山，无论是村庄还是企业，要想实现可持续高质量发展，生态环境必须保护，污染防治必须到位，宁愿舍弃经济发展，也要护好绿水青山。"邵钦祥这样说。创业创新近40年来，花园集团从小服装厂到中国民营企业500强，在时代进步的商海里乘风破浪，始终牢牢守住生态环境保护红线，如今正向着百年企业目标昂首迈进。

企业要发展，产业是基础。然而，选择什么样的产业，花园集团十分慎重也决不含糊，早在20世纪90年代，企业就开始实行环保"一票否决制"。"我们要选择高科技、新能源、新材料、环保型产业，如果产业污染大或者会破坏生态环境，即便经济效益多可观，都要主动放弃。"邵钦祥说。

近30年来，花园集团副总裁马文德一直跟项目打交道，调研过的大大小小产业项目就有上百个，然而因为各种原因许多都没有上马，有的技术不成熟，有的行业不看好，还有的就是环境污染大。"20世纪90年代，我们看中了纸塑复合材料项目，可行性调研报告都已经形成，最终还是因为塑料会造成永久性污染而搁浅，之后，产业项目选择就都实行了环保'一票否决制'。"马文德回忆道。

55

第八章
打造红木家具第一村

业内有"世界木雕看中国,中国木雕看东阳"之说。在浙江东阳除了木雕,还有红木家具。因村内有产业链完善、规模宏大的红木家具交易市场,花园村被誉为"天下红木第一村"。

作为花园红木产业链的销售终端,花园红木家具城于2010年开业,随着2019年六期配套市场——花园家居用品市场——建成开业,市场总面积达到近50万平方米,吸引了2300多个品牌进驻,已连续多年以家具类排名第一的成绩上榜"中国商品市场百强"。花园红木家具城是一家集零售、批发、旅游、休闲等功能于一体的红木家具"一站式"集散中心,已成为厂家的营销平台、客商的配货中心、顾客的"购物天堂"。

一年一度的花园村红木家具展销会盛况

第八章 打造红木家具第一村

尤需强调的是,经过十多年创新发展,花园村已形成原木市场、板材市场、雕刻·油漆中心、产业核心区块、红木长廊以及红木家具城等红木家具全产业链和产业群,涵盖原木、板材、锯板、烘房、雕刻、油漆以及红木家具设计、生产、销售的所有产业环节。

2019年底,花园村拥有个私工商户3768家,其中红木家具以及木制品行业就有2550家,占比达67.7%。

如今,红木家具产业已成为花园村民创业、增收的重要渠道。

一、起端于木线市场

花园村毗邻义乌,义乌人从手摇拨浪鼓走街串巷鸡毛换糖起步,今天的义乌已成为万商云集的国际性小商品集散中心。

如今,回过头来看这个市场的形成,也属于典型的"无中生有"。

如果追溯东阳木雕历史,可以到1300年前的唐代。相关资料显示,东阳木雕始于唐代,在宋代得以发展,明清达到鼎盛。

曾经很长一段时期,由于需求剧减,东阳木雕日渐衰落。改革开放后,随着经济发展,老百姓消费能力增长,东阳木雕再次受到关注。

当地一些专家曾做过调研,总结改革开放以来曾经历了三个阶段,即产业初创阶段、稳定发展阶段和快速扩张阶段。

改革开放后,在广东诞生了大量的红木家具厂,主要为香港、澳门和东南亚客户供货,生意一度非常红火。东阳一批身怀木雕技艺的工匠远赴广东,刚开始主要是在红木家具厂打工。

邵清君是其中一员,1987年去了广东深圳,当时花园村当地泥水工4元每天,而在深圳第一年就达6元每天,第二年20元每天,通过加班,一个月还可以做到50几天(每8小时算一天),收入非常可观。

不仅收入高,潜移默化中,他们也学会了一些红木家具经营诀窍。

20世纪90年代,随着室内装潢兴起,技术含量不高投资也不大的木线业就在花园村所在的南马一带兴起。当时,一些有经商头脑的花园人,在经过村庄的东永公路两边开设了交易摊位,开办锯板厂和烘房。

所谓木线市场,就是在沿公路两边摆放了很多木材,分别属于不同的经营户,这些木材是经营户从全国各地购买来的。

经年累月,颇具规模的木线市场在此形成。由于交通方便,且规模不小,因此花园木线市场在业界知名度越来越高。21世纪初,由于行业更新换代,木线市场生意锐减,变得萧条。

渐渐地也有些零星回东阳从事红木家具的,但因人数少,未形成产业。

随着时间的推移,受东南亚金融风暴影响,广东等地红木家具市场陷入萧条,在当地务工、经商的东阳人收入锐减。东阳市政府适时推出了迎工匠回乡创业计划,吸引工匠们回家创业。很快,一批技术精湛、有市场头脑的工匠们回到了东阳,寻找创业机会。

2008年,在东阳市相关部门的推动下,东阳木雕与红木家具联姻,木雕技术巧妙融入红木家具生产,艺术性和实用性融为一体,深受客户喜爱,市场需求高涨。

二、构建红木家具全产业链

花园村自然不会放过这样一次机会。2003年,花园村投资1000多万元,建造了120多个现代钢架商铺,每个商铺面积约500平方米。品种从以前的白木、红榉,扩展到花梨木、鸡翅木、酸枝木等40多种名贵木材,产品来自26个国家。很快,花园木材市场成为全国重要木材交易基地之一。

2004年10月,花园村和周边9个村实现了合并。合并之后的花园村,通过旧村改造,可以利用的空间更大。且随着村庄人口的增加,原有的花园集团难以容纳就业,急需打造新的致富平台。村庄在发展,不能仅有工业企业,还得有商贸企业,依靠后者形成房租经济和客流量,可以让村民大幅增加收入。

因此,在新的村庄规划中,明确提出发展木制品产业。

2006年,花园村进一步明确发展古典家具及红木家具,并适时引导一些商家升级。

2009年,经过几年在红木市场摸爬滚打及多方考察,邵钦祥发现红木家具销售是产业链最为重要的一环,尤其是可以通过销售市场带动花园村文旅等产业发展。

2010年,东阳红木家具产业园——花园核心区块规划通过论证。当年12月,花园红木家具城一期开业。彼时,这个投资2亿元、建筑面积达9万平方米的市场，吸引了来自全国的126家知名红木家具企业入驻。

红木家具城一期开业后，所产生的影响与效果超过预期。紧接着，规划建设二期。2012年10月，花园红木家具城二期开业，400多家知名品牌红木家具企业入驻。3个月后，三期开业。至此，花园红木家具城入驻品牌经营户近千家，荣获农业部中国村社发展促进会授予的"中国红木家具第一村"称号。

正如邵钦祥所规划的那样，颇具规模的市场建成，果然有效推进了花园村相关产业及商业氛围的形成。

尝到甜头的花园村，很快又建成四期并开业，至2014年，花园村拥有的红木生产销售及木制品加工企业达2000多家，占全村工商户总数79.3%。

2014年11月，投资额达7.3亿元的花园红木家具城五期开业，建筑面积达15万平方米。这次开业，花园村邀请了多位领导和专家出席。开幕式上，邵钦祥喜悦之情溢于言表。

当时，花园村已经完全建成红木家具全产业链，原木市场、板材市场、工艺品雕刻、红木家具生产和销售成龙配套。

"这里已形成花园原木市场、板材市场、雕刻·油漆中心以及生产制造红木家具的产业园区，涵盖了原木、板材、锯板、烘房、雕刻、油漆以及红木家具设计、生产、销售的全产业链环节。"邵钦祥表示，"我们可以把生产环节分解发包给各配套企业，比如把板材加工交给锯板厂和烘房，把雕花业务交给电脑雕刻企业，红木家具企业只需要轻装上阵做好核心环节，如设计、制作、拼装以及品牌运营，省下了一大笔招兵买马的成本。"

有红木家具制造企业负责人进一步解释说，在花园村，红木家具企业能实现以最少的投入获得最大的产出。生产方便且成本相对较低，自然对红木家具经营户也利好。

近年来，产业链竞争力被频频提及，"敢为人先"的邵钦祥又一次让花园村占得了先机。

"浙江省有4000多家红木企业，其中花园村就有2000多家，占到浙江省一半以上，红木产品产量则占到全国的三分之一。"浙江省红木产业协会秘书长张光品曾列出这样一组数据，直观反映了花园红木的举足轻重地位。

三、创建红木家居小镇

2016年7月1日，住建部、国家发改委、财政部联合发布通知，决定在全国范围开展特色小镇培育工作，提出到2020年培育1000个左右各具特色、富有活力的休闲旅游、商贸物流、现代制造、教育科技、传统文化、美丽宜居等特色小镇。

推进特色小镇规划建设，有利于增强小城镇发展能力，加快城镇化进程；有利于改善城镇发展面貌，提高人民群众生活质量；有利于挖掘优势资源，发展壮大特色产业；有利于统筹城乡发展，破解"三农"难题。

当年10月14日，住建部公布了第一批中国特色小镇名单，进入这份名单的小镇一共有127个。它们是在各地推荐的基础上，经专家复核，由国家发展改革委、财政部以及住建部共同认定而产生的。

这些特色小镇建设项目可申请专项建设基金，中央财政将对工作开展较好的特色小镇给予适当奖励。

在第一批中国特色小镇名单中，浙江包括横店、莫干山在内的8个镇入选，其中横店凭借影视、莫干山凭借民宿特色入选。

培育特色小镇的主要目的是促进有条件的镇更好地发展。由于一些体制机制的限制，不利于一些小镇参与到市场化竞争中，因此挖掘一些有潜力、有特色的小镇，通过一些产业的发展不仅可以带动经济的发展，也可以吸纳小镇周边一部分农村劳动力就业。

花园村所在的南马镇与横店毗邻，凭借红木家具产业特色，借助2017年3月二次并村的契机，花园村又谋划红木产业向更高质量创新发展，着手创建红木家居小镇。显然，这是传统经典红木产业向时尚文化红木产业转型的重要举措和载体。

对照省级标准，特色小镇应打造成宜居宜业、生产生活生态相融合，既有居住功能，又有文化传承，既是制造业和加工业的集散基地，又是吸引高端新锐品牌入驻的理想场所。

2018年9月，花园红木家居小镇入选浙江省级特色小镇第四批创建名单。"入选创建名单后，花园村将在更高层次上进行引导，融入特色小镇概念并加以规范，通过努力让红木家居小镇向精致化和极致化发展。"邵钦祥当时表示，花园村今后将以此为契机，继续发扬"工匠精神，花园传承"的经营宗旨，积极做好红木家具全产业链再延伸工作，进一步优化红木产业高质量发展。

与传统工业园区相比，特色小镇是一个融产业和生活为一体的综合区，具有明确的产业定位、文化内涵和旅游功能，是融合生产生活生态的"生命体"。花园红木家具城东临横店"东方好莱坞"，南接永康"中国五金城"，西依义乌"小商品市场"，北连"东阳木雕城"，是花园村红木产业的销售终端，也是中国十大优秀国际乡村旅游目的地和国家AAAA级旅游景区花园村重要景点之一。

借力地域优势，如何做好产业转型文章？如何让发展更具新动能？花园人给出的答案是：用市场与产业促进小镇快步走。

"花园创建红木家居小镇具有产业、人才、工艺优势，我们有信心、有决心、有实力、有能力建设好红木家居小镇，全面践行乡村振兴战略。"邵钦祥说，相信经过努力，会把红木家居小镇打造成特色小镇新标杆。

根据规划，花园红木家居小镇面积约3平方公里，花园人以"红木文化传承地、红木家具聚集区"为战略定位，聚焦"时尚"和"文化"产业，构建文化创意、研发孵化、智能制造、展示贸易、会展服务、品牌营销、物流服务于一体的红木家具全产业生态链，把小镇打造成创业创新创富乡村振兴先行区、改革引领产业转型升级样板区、中国红木产业文化要素集聚区、红木产业全产业链发展示范区。

红木长廊夜景

为了让特色更鲜明，花园村对800多个沿街商铺进行统一改造，以打造一条长3.5公里的红木长廊。

同时，花园红木产业国际物流中心一期、花园红木家具城六期（花园家居用品市场）已开工建设，致力做大做强做精红木家具以及木制品产业。

四、重视诚信与工匠精神

从经营企业起，邵钦祥就以诚信为本，因此，打造红木家具市场时，他反复强调诚信的重要性。

"水能载舟亦能覆舟"，面对越来越大的市场和越来越多的商户，质量和工艺就好比花园红木产业的"生命线"。作为市场管理方，邵钦培也坦言管理的压力。

"花园红木家具城提出立身之本——引导商户守诚信、重服务、优质量。为此，早在一期开业时，市场就倡导各商户向消费者郑重承诺十大服务。"邵钦培如是说。

这十大承诺对消费者来说，是一颗定心丸。对商户来说，有了规范，谁也不能弄虚作假，摆在台面上办事，拼的是实力，所以商户们会自我约束，很多商户向消费者承诺"终身包换"。

随着市场越来越大，花园红木家具城从切实保护消费者权益出发，加强规范管理，引导合法经营，要求各品牌经营户务必以质量和信誉来维护品牌，坚决严惩以次充好、以假充真、偷工减料、相互压价、相互扯皮、相互诽谤等不良行为，致力为广大消费者创造一个"安全、放心、诚信"的购物环境。

市场越来越大，商户越来越多，管理越来越难。前些年，花园红木家具城又提出新规定：向各商户分发最新的"一证一卡一书"（红木家具产品合格证、产品质量明示卡和产品使用说明书）。有了这三样资料，销售的家具就好像有了"身份证"，顾客在这里购买家具，就可以放心了。其实，花园红木家具城一直坚持"货真价实、诚信经营"的原则，杜绝以次充好、以假充真、偷工减料的产品出现，在客户中有较好的口碑。此外，花园红木家具城还规定，凡出现以次充好、以假充真、偷工减料产品的摊位，商户都要受处罚，情况严重的要收回店铺使用权，特别严重的要移送相关部门处理，致力为广大消费者创造一个"安全、放心、诚信"的购物环境。

如今，花园红木家具城严格市场管理已出成效，在批发商与消费者中树立了良好口碑。

此外，早在2015年，市场就向社会发布红木原木价格波动指数并反馈消费者维权情况，使花园红木家具城成为全国红木的风向标。同时，市场对内开通支付宝等移动端支付方式，使客商之间交易更加快捷；对外开展市场电子商务门户网站、加强与行业网站的合作，让全国客户足不出户就可知红木家具的实时信息。

诚信之外，工匠是红木家具的立身之本。

工匠文化贯穿中华五千年历史，春秋战国时期的鲁班精通土木工程并建造了许多经典建筑，还研究发明了钻、刨子、铲子、曲尺、墨斗等流传至今的木工工具，成为我国的工匠"祖师"。

2016年3月，在十二届全国人大四次会议作政府工作报告时，李克强总理说：要鼓励企业开展个性化定制、柔性化生产，培育精益求精的工匠精神。这是政府工作报告里首次提到"工匠精神"这个词。

从历史上看，践行"工匠精神"的创新者，就是一群不拘一格的"另类人物"，他们依靠纯粹的意志和拼搏的劲头，不断用技术与发明改变世界。正是他们，缔造了繁荣世界的伟大传奇。比如，托马斯·爱迪生一生完成了2000多项发明，其中包括对人类有突出贡献的电灯、留声机等。怀特兄弟完成了人类历史上最伟大的发明之一——飞机。从澳大利亚移民到美国的索尔·格里菲斯，是位出色的工匠。他最著名的创新，是让他获得3万美元"莱梅尔逊奖"的低成本眼镜片制造设备。

中国是一个并不缺乏工匠的国家。四大发明的发明者，都是了不起的工匠。新中国成立初期，我国涌现了一大批优秀的工匠，如倪志福、郝建秀等，他们为社会主义建设事业作出了突出贡献。改革开放以来，王选、王传福、从事高铁研制生产的铁路工作人员等，让中国的创新重新影响世界。

"工匠精神"是生产、设计者在技艺和流程上精益求精，追求完美和极致，以质量和品质赢得行业领先和消费者信赖的精神。改革开放以来，我国经济摆脱了低端竞争格局，中国制造逐步向中高端迈进，"工匠精神"正是中国制造亟待补上的"精神之钙"。

一直以来，花园红木家具企业秉承了传统家具制作理念，以榫卯、刮磨、雕刻等特色工艺著称，在岁月的长河中演绎着精益求精和精雕细琢的"工匠精神"。

花园村吉祥湖旁，胡冠军艺术馆甚是醒目。艺术馆的主人，著名书画家、木雕工艺美术大师胡冠军是一位历经20多年风雨成长起来的"中华大工匠"。他表示,通过提升工匠技艺、创新家具设计,可以提高花园红木家具产业的附加值。

作为花园红木家具产业的总舵手,邵钦祥认为,国家高度重视"工匠精神",大力倡导品质供给,满足群众优质需求,花园村作为全国主要的红木家具生产基地,有义务,有责任,高擎起"工匠精神"这面大旗。

据介绍,近年来,花园红木家具企业把"工匠精神"作为职业追求,用"工匠精神"成就精品之作,向世界发出庄严承诺:带头铸品质,以"工匠精神"打造更优产品;用心创品牌,以"工匠精神"打磨更强生命力;努力促创新,以"工匠精神"推动产业良性发展;全力倡环保,以"工匠精神"实现产业绿色前行。"我们红木家具从业者,要有工匠精神,在品牌、质量以及材料等方面都要过硬。"邵钦祥表示,"我们要培养年轻人,坚定不移地把红木工艺传承下去。

五、红木家具展销会

对特色小镇来说,硬件的建设仅仅是开始,如何打造软件、吸引受众,才是真正的挑战。

为了增强红木企业主坚持发展红木产业信心,达到聚集人气并提升市场知名度的目的,从2016年开始,花园红木家具城每年上半年都会举办盛大的红木家具展销会,向世界展示花园红木文化、工匠精神、大师作品。

2016年4月26日,在花园红木家具城广场上,3000名木工、刮磨工、雕刻工,在2000人特色表演队配合下,向世界发出"工匠精神,花园传承"中国工匠之铿锵声音,来自全国各地的红木家具生产商、经销商以及消费者等数万人,一起见证了这一史无前例的盛大场面。

2017年4月9日,花园红木家具城创新主题,即集世界名贵木材于花园,向世界展示"木";创神州"十里红"红木艺术精品家具,向世界展示"艺";汇万名中华工匠于花园,向世界展示"匠",通过万人工匠风采展示以及木艺神韵震撼巡展,向世人彰显花园红木天下第一的形象。

2018年4月20日,花园红木家具广场上演了一场"万人工匠,弘扬鲁班"的特色盛典,活动以"鲁班祖师,花园敬仰;鲁班技艺,花园弘扬;鲁班精神,花园唱响"为主题,为拥有千余年历史的国之瑰宝——东阳木雕技艺——摇旗呐喊，为数以万计具有榫卯、雕刻以及刮磨等工艺特色的工匠鸣锣开道。

花园村红木家具展销会盛况鸟瞰

2019年的展销会，对此前三届进行了一次总结，既延续了3000名木工、刮磨工、雕刻工展示中国传统工匠技艺的盛大场面，也用"台中台、舞中舞"的形式呈现了"万人工匠铸就刀木春秋"的文化盛宴，进而向世界传递了"工匠精神，花园传承"的铿锵声音。

2019年11月12日上午，花园家居用品市场广场前，锣鼓喧天，人声鼎沸，热闹非凡，3000多名村民敲起欢快的腰鼓、舞起飞腾的布龙、秀起端庄的汉服……以丰富多彩的传统群众文化来庆祝市场正式开业，来自全国各地的客商和游客一起见证了这一时刻。

浙江省第十二届人大常委会副主任王永昌讲话并宣布开业。金华市委常委、副市长吕兵，东阳市委副书记、代市长楼琅坚到场讲话。花园村党委书记、花园集团董事长兼总裁邵钦祥致辞。全国劳动模范、第十届和第十一届全国人大常委、山西大寨村党总支书记郭凤莲代表中国十大名村讲话。仪式上宣读了全国劳动模范、中共十八大和十九大代表、江苏华西村党委书记吴协恩的贺信。花园红木开发公司董事长兼总经理严旭介绍市场基本情况。

据介绍，花园家居用品市场总投资5亿元，建筑面积达6.5万平方米，分地下一层和地上三层。作为花园红木全产业链的延伸端，花园家居用品市场主要销售种类涵盖木雕、根雕、竹编、藤制、铜制、铁制工艺品以及仿古门窗楼梯、玉石玉雕、装饰相框、茶道茶具品等，可以说与红木相关的配套产品应有尽有。

"花园家居用品市场是花园红木家具城的六期配套市场，在扩大市场面积的同时进一步优化了市场格局，还为花园村以及周边村镇从事家具用品行业的老百姓创造在家门口做生意的机会。"严旭说，花园家居用品市场建成开业，将进一步完善花园红木家具产业链并形成集聚优势。

目前，花园家居用品市场已吸引根缘根雕、季氏家竹、老董木雕、艺鹏工艺、诗宜文化、浩南大板、宋青空间设计、晨辉木业、武夷木业、宏瑞木业、古月船木、仙根苑、烟台烟钟、骏骏屏风等数百家品牌商户入驻。花园红木开发公司将以五星级市场标准进行智能化、科学化、标准化、规范化管理，继续秉承"你经营，我服务；你发财，我发展"的经营理念为广大商户服务，让市场成为经营户经商致富之宝地、消费者休闲购物好去处。

来自福建南平建瓯市的冯宗胜在东阳经营根雕生意已有多年，2018年，他所在的福建南平建瓯市工艺美术协会拿下了花园家居用品市场5000多平方米的商铺。

受新冠肺炎疫情影响，2020年的展销会推迟举行。4月，花园红木家具展销会搬上云端，率先开启线上会展模式。这样，市场可以实现引流，商家则能够一店双开，客户足不出户也可逛市场。据统计，"花园购"经销版上线首日，累计线上观众点击量超过10万人次，表明线上办展模式得到了经销商的青睐。此外，"花园购"平台还可以通过花园红木头条，利用花园信息聚合平台，把红木行业动态、案例、优惠促销实时推送到商家手中。

随着花园红木家具城六期配套工程开业，作为花园红木产业链的销售终端，花园红木家具城如今市场总面积近50万平方米，吸引了2300多个品牌进驻，已连续多年以家具类排名第一的成绩上榜"中国商品市场百强"，每年4月都举办红木家具展销会，展示花园红木文化、工匠精神、大师作品，成交额逐年攀升屡创新高。

"每年举办盛大的红木家具展销会，我们的目的就是要创造更加优良的发展环境，制造更加精致的红木产品，创造更多良好的发展机遇，与大家一起共创美好明天!"邵钦祥说,花园村已是不折不扣的"红木王国",通过红木家居小镇的创建,花园的工匠们可以在中国传统家具文化精髓中茁壮成长,进而让花园红木走出中国、走向世界!未来,以工匠精神为核心动力,花园红木产业必将谱写红木家具行业的新传说,继续助力花园人早日实现"世界名村"和"世界强村"的花园梦想。

红木家具产业当下正面临着外部行业竞争和内部企业转型的双重压力,如何破解传统销售难题呢?

近年来,花园红木家具城未雨绸缪,以"互联网+实体市场"为突破口,整合人才和资源,投入巨资研发并打通线下线上红木市场新零售渠道,推出新零售智慧红木市场"花园购"。

物流对于红木家具企业发展也是不可或缺的。近年来,入驻花园村的顺丰快递、中通快递、圆通快递、韵达速递、申通快递、百世快运等全国知名快递物流已有近十家,快捷上门取件等优势也促进了花园线上交易市场的繁荣。

与此同时,花园村商业氛围浓厚,全村拥有花园红木家具城、花园商业中心、花园粮油商贸城以及服装一条街、美食一条街等多种线下特色商业区块。

在红木家具的带动下,花园村村民有了另外的收入增长渠道。全村的村民大都干起了与红木家具有关的生意,他们的生活也多多少少都与红木家具沾了边。

自从红木家具城营业后,当地木工、油漆工人用工需求一直紧张,而工资也水涨船高,很早以前,一个熟练的技术工月收入超5000元,一个成熟的管理人员年收入超10万元。此后,这一数字一直在增长。

花园村也一下涌入了很多外来务工人员,这对花园村村民来说,也是"福音",出租房屋、开饭店、办企业、闯市场……

临近红木家具城的房子房租涨价,每间房子的年租金飙涨到5万元至7万元,却仍是一铺难求,有村民年收入租金就达20多万元。同时,租金收入仍在水涨船高,成为花园人收入的保障之一。

"花园红木家具全产业链发展,为数以十万计的群众创业就业搭建了一个良好的平台,如今越来越多的花园村以及周边村镇老百姓都过上了幸福富裕的美好生活。"邵钦祥说。如今,花园实现了经济发展高质量、农村建设高质量、村民生活高质量等"三个高质量"。

第九章
发力文旅产业

高科技战略下，花园村一批实体企业获得快速发展，做大做强了花园集团。此时，邵钦祥又高瞻远瞩地启动了文旅产业。在他看来，这是未来的方向，更为重要的是，在乡村振兴的背景下，通过发展文旅产业，实现远景目标：村就是景，景就是村。

十多年来，花园村景区从无到有、从有到优、无花成海、无木成林，现已发展成为名村领衔、五区协同、六游促进的发展格局。

今天，花园村拥有名村文化旅游区、天香湾农业旅游区、红木家具商贸旅游区、福山观光旅游区、高新科技工业旅游区等五大特色旅游区；开辟了党建名村考察游、职工休养度假游、中小学生研学游、乡村休闲观光游、红木家具鉴赏游、现代工业示范游等六大特色主题游。

通过多年打造，"江南旅游不夜村，中国农村第一城"的旅游形象深入人心。

一、注重生态，发力旅游

在很长一段时间里，安吉是浙江省的"欠发达县"。20世纪八九十年代，安吉走上了工业强县之路，造纸、化工、印染等企业被大举引进，GDP高速增长。

曾经的安吉余村，矿山、水泥厂遍布，虽然靠"卖石头"致了富，却破坏了山体、污染了水和空气。关停污染企业，余村人也想走生态之路，可是直线下降的收入又让他们陷入犹豫和彷徨。

第九章 发力文旅产业

2005年8月15日,时任浙江省委书记习近平来到余村调研,在座谈会上听了村里对未来发展有些困惑的汇报后,他赞赏关停矿山、水泥厂是高明之举,并首次提出"绿水青山就是金山银山"的科学论断。

"两山"论的提出,给余村人吃下了定心丸,也指明了余村的发展方向。打定主意的余村人,依托"竹海"资源和优美的自然环境,因地制宜发展白茶、椅业等产业,还开起了民宿、农家乐,办起了漂流,大力发展生态休闲旅游经济。这些年,从杭州、上海等周边城市,还有从全国其他城市赶来休闲度假的游客络绎不绝。由此,余村人的钱袋子也鼓了起来。

从"卖石头"到"卖风景",靠着绿水青山,余村人也实现了金山银山。

经历过压力、迷茫、阵痛的安吉也看到了方向,最终确定生态立县的规划,紧紧围绕生态做文章。

紧邻安吉的长兴县,因蓄电池产业发达而被称为"中国绿色动力能源中心"。

这里曾一度陷入污染之殇。由于粗放的生产方式,产生了大量的污水、铅雾等,在当年浙江省"8·11"环境污染整治行动中,长兴蓄电池行业名列其中。

痛定思痛,从2005年开始,长兴县开展了多次蓄电池产业转型升级,实现了脱胎换骨的变化。

10多年来,安吉、长兴所在的湖州高擎生态文明大旗,编织着绿色梦想,在绿水青山间收获着喜悦。

不只是湖州,浙江乃至全国,近年来,很多地方在"两山"理论的指导下,真正实现了"绿水青山就是金山银山"。

花园村认真践行并实现了"绿水青山就是金山银山"。在企业发展方面,花园村摒弃高污染与高能耗企业,转而通过高科技战略,提升企业竞争力。在村庄建设方面,从旧村改造开始,就明确要有绿化带,引导庭院绿化。早在2001年,花园集团就投入600多万元建起了污水处理厂,污水管道与每家每户连通,村民生活污水也实行统一收集与处理。

发源于官清岭的罗溪,由于河道弯弯曲曲,且下游狭窄,每到雨季,花园人就心惊胆战。因为以往总是发洪水,甚至达到了"十年九涝"的境地。

第一次并村后,花园村对河道进行了改造,对河道两边进行了绿化,罗溪成为一道靓丽的风景。

第一次并村前,有个方店水库。并村后,对水库进行了清淤、改造,建成了吉祥湖。如今,吉祥湖成为了流光溢彩的乡村景区,是花园人休闲的必去地方之一。

注重生态环境，让花园村在旅游市场抢得了先机。

随着经济发展，收入增加，旅游消费不断增长。花园村所在的金华，企业众多，经济发展，对旅游需求大，但周边旅游资源却并不算丰富。

早在第一次并村时，邵钦祥就意识到，未来旅游需求会增加。于是，在并村后不久通过的花园村总体规划中，专门划出花园旅游度假区，并明确乡村旅游是集团以后重点发展方向之一。

花园村夏日旅游火爆场景

2006年，花园村还专门召开研讨会，探讨如何搞好花园旅游。2007年，花园村以"现代乡村风情游"为主题推广旅游，当年接待游客超过5万人次。2009年，花园村举办了首届现代乡村风情文化旅游节，并被授予"浙江省特色旅游村"和"浙江乡村生态旅游示范区"。

2011年，花园村开始向创建国家AAAA级景区发力。一年后的2012年9月，花园村创建国家AAAA级旅游景区迎来了全国旅游景区质量审定委员会专家检查验收。当年12月19日，花园村国家AAAA级旅游景区揭牌仪式隆重举行，花园村成为浙江省首个以村为单位创建的国家AAAA级景区。

此后，花园村还获得了农业部"中国最有魅力休闲乡村"等荣誉，被国家文化和旅游部授予首批"中国十大优秀国际乡村旅游目的地"和"网友最喜欢的乡村旅游目的地"，已形成党建名村考察游、职工休养度假游、中小学生研学游、乡村休闲观光游、红木家具鉴赏游、现代工业示范游等六大主题特色。绿意满眼，草木葱茏。碧波环绕，绿水长流……

如今，走进花园村，就是走进了景区。

不得不提的是吉祥湖，花园人和周边村民以及游客，茶余饭后都喜欢到这里来散步散心。一到晚上，吉祥湖的湖滨路就改为步行街，跑步的、走路的、健身的、赏景的人络绎不绝，四周的霓虹灯带亮起，五彩缤纷，绚丽多姿，这里俨然成为了绚丽多彩的夜花园。

远处的摩天轮灯光璀璨，近处的音乐喷泉和霓虹灯带相得益彰，让人感受到犹如进入梦幻世界一般，情不自禁，驻足赏景，陶醉其中，流连忘返，感叹生活在花园里的人们幸福无比。

2020年4月，以"花园花开了　踏青赏花季"为主题的第五届江南牡丹花节精彩上演，天香湾景区内3万多株牡丹花竞相开放，吸引不少游客前来赏花游玩。万紫千红、芬芳吐艳的壮观景色，让游客大饱眼福、啧啧称赞，纷纷拿起手机、相机定格美丽瞬间，传递美丽乡村旅游的无穷魅力。

花园村吉祥湖夜景

这里不仅有生态优美的环境，极具特色的花海，还有让人震撼的摩天轮。摩天轮高88米，吊篮48个，最多可容纳288人乘坐。坐在摩天轮的吊篮里，游客可以俯瞰花园风景：碧波荡漾的吉祥湖周围，厂房、别墅林立，绿色环绕。

如果是晚上，又是另一番风景，即五彩缤纷。

按照五星级标准建设的花园雷迪森大世界位于花园村吉祥湖畔，是一家集住宿、餐饮、会务、娱乐、休闲于一体的多功能、高档次、优服务综合性酒店。酒店设施高端、配套齐全、环境幽雅。村内还有花园大厦，是一家四星级旅游饭店。这些有力地保障了旅游业发展。

2019年，花园村接待国内外游客达570万人次。

巨大的客流量，除了本身的旅游收入之外，还极大地带动了村内其他产业的发展，形成良性循环。

二、村里的中国农村博物馆

很多人到花园村，都要去中国农村博物馆看看，馆内收集的史料记录了中国农村发展历程。

有600多年历史的花园村，经过几十年的创业拼搏，从一个穷山村，已发展成为经济发达、村民富裕、乡风文明、村容整洁、管理民主、生态良好的全面小康建设示范村。

花园村的发展史，也是我国千千万万个村庄的发展史。

在邵钦祥看来，建中国农村博物馆将有利于我们了解中国农村的过去、现在和未来，更加有利于系统性地保护和利用好农村文化资源，推进农村文化建设，推广名村的发展经验和成果。

邵钦祥表示，将中国农村博物馆建在花园村，也是经过深思熟虑的，一来能对近代农村的发展进行梳理总结，给社会大众提供一个学习参观的场所；二来能提升整个花园文化的品位，带动花园旅游产业的发展。

正是在这样的背景下，2014年6月29日，首家中国农村博物馆在浙江省东阳市南马镇花园村开馆迎客。

博物馆设有政策制度馆、农村变迁馆、农村民俗馆、中国名村馆、中国江河源头馆、百村名印馆等分馆，通过实物与影像，鲜活生动地反映了新中国成立以来不同时期党和国家对农村政策制度的变化，展示了以名村为代表的中国现代农村的发展历程和发展成就。

博物馆可以完整地体现农村从新中国成立初土地改革，再到新世纪新农村建设70多年的变化。随着中国全面改革的逐步深化，新型城镇化的步伐不断提速，花园村的初衷是通过中国农村博物馆这个平台，让人们认识和了解中国现当代社会历史的发展脉络，并开始思考如何让农村成为新的经济增长区，让人们了解真实的农村，让农村与城市无缝对接，让农民的生活越过越好。

花园村党委副书记金光强表示，为收藏、研究、展示、宣传中国农村记忆，在策划时是以农村发展的土地、劳动力和资本三大基本要素为主线，并从土地等相关政策制度、农民的生产生活演变和名村发展案例等展开说明，较为全面地展现了整个中国范围内农村发展过程印迹。

中央农村工作领导小组办公室原主任、中国扶贫基金会会长段应碧表示，这既是中国农村发展文化的大事和盛事，也是一项"功在当代，利在千秋"的民心工程，"博物馆会不断丰富和完善展示内容，最大限度发挥好它的社会价值，使之成为我国农村文化的研究交流基地，为推动我国农村文化事业的发展作出贡献"。

而参与策划设计中国农村博物馆的中国村社发展促进会名誉会长余展表示，借助中国农村博物馆的载体，人们可以进一步了解不同阶段中国农村的经济社会发展和农村工作。对于参与政策研究的人来说，实物的展品更是一种对书面文字的生动解读，它是对历史的一种见证，也是了解历史的有效途径。

三、对接研学实践教育

研学旅行作为"旅游+教育"的一个产物，是我国现有教育形态的革新，是新时代落实立德树人根本任务、强化实践育人的重要途径，俨然成为近两年旅游市场备受瞩目的热点。

2019年，浙江省教育厅、浙江省文化和旅游厅联合公布浙江省首批中小学生研学实践教育基地营地名单，东阳市花园村中小学研学实践教育基地等54家单位被认定为浙江省首批中小学生研学实践教育基地。

中小学生研学旅行由教育部门和学校有计划地组织安排和指导推动，主要通过学校组织的集体旅行或家庭亲子旅行、安排在外食宿等方式培养学生生活技能、集体观念、创新精神和实践能力。研学实践教育基地开展研究性学习和旅行体验相结合的校外实践教育活动。花园村入选中小学生研学实践教育基地,给花园旅游带来了新的机会。

为做好研学旅行对接,2019年1月18日,花园旅游公司举办研学系列课程讲义培训班,邀请有着多年木艺教学经验的蒋路明,为导游部、营销部、计调部等部门相关人员传授了一堂精彩的课程。

培训过程中,蒋路明用通俗易懂的方式讲解了倍力桥、鲁班锁、斗拱、燕尾榫等榫卯结构木艺技艺的基本制作工序和原理。同时,他紧紧围绕研学旅游基本常识、研学导师素质、研学组织技能、研学安全管理、研学课程设计等重点进行授课,并组织学员开展深入讨论,确保每位学员学有所获。其间,蒋路明还带领学员们沿着研学旅行线路进行"实战演练",并对过程中学员的不妥之处进行纠正。

此次培训,不仅使学员进一步理解与掌握了研学旅行的新政策、新理念、新方法,而且对提高旅游行业发展趋势及热点的认识、完善研学课程内容以及提升专业技能等方面起到了很好的推动作用,为花园旅游公司开展研学旅行工作奠定了坚实的基础。

四、推进农旅融合发展

得益于基础设施的改善,近年来农旅融合越来越普遍。

同属浙江的安吉县,一片叶子成就了一个产业,富裕了一方百姓。这片叶子说的是安吉白茶,经过40年的发展,安吉白茶成为了安吉县的重要名片,也成了带动百姓增收的金叶子。截至2019年底,全县安吉白茶种植面积达到17万亩,产量、产值分别达到1830吨、

花园现代农业生态园

26.92亿元；短短一个月的安吉白茶季，就为全县农民人均增收7400元，占全县农民人均可支配收入的22.1%。

安吉白茶的收益至少包括白茶销售和旅游收入，两者相辅相成，相互促进。黄杜村是安吉白茶的核心产区，也是农旅融合的典范。

坐在被茶园包围的帐篷酒店大厅，品着新沏的安吉白茶，甚是惬意。

盛阿伟从2002年开始做村干部，在他的印象中，茶园以前都是丘陵，没有什么价值，老百姓经常为了生计而发愁。

而如今，茶园与休闲旅游结合，产生了远高于茶叶收入的价值。

花园村内工商业发达，但毕竟还是个村，村庄自然得有农业。在花园村，传统的农业显然已经没人去搞，村里想到的是农旅融合。

花园村自2005年开始建设生态农业园，发展生态休闲观光游。此后，不断升级，特意规划了观光旅游区。

比如，村内天香湾景区是一个在现代科技农业基础上打造的集研学、养生、民俗、住宿等功能为一体，具有乡村文化特色的休闲观光农业公园。景区拥有各类花海、果园和草坪迷宫，漫山的桃花、梨花盛开，牡丹、芍药、玫瑰、月季组成七彩的花海，海棠、油菜花、梅花点缀其间，更是别有一番滋味。

每年秋天，花园村都会举行菊花节。

2019年11月，以"游花园名村，赏江南秋菊，逛红木市场"为主题的花园村第八届金秋魅力菊花节在天香湾景区举办。当时，天香湾景区内建有约300多亩菊花花海，吸引了大批游客前往拍照。

五、打造百货小吃一条街

为尽可能利用旅游资源，增加村民收入，花园村还打造了百货小吃一条街。

2019年10月26日，在花园村两委班子成员以及广大村民和外来人员见证下，花园村党委书记、花园集团董事长兼总裁邵钦祥宣布花园商业中心花园百货小吃一条街开业，将致力于培育花园商圈新亮点，并满足百姓日益增长的生活品质需求。

"打造花园百货小吃一条街，就是为适应花园旅游商贸服务业的需要，也是村两委'一心为公、一心为民'的决策。"邵钦祥在致辞中指出。花园村一直坚持发展工业实体经济不动摇，同时深入实施以商兴村发展战略，通过整合资源、搭建平台、营造氛围，全面发展第三产业和商贸服务业。他希望，花园百货小吃一条街要加强管理、优化服务、诚信经营，树立花园商业新形象，打造具有中国农村花园特色的一流商业街，全面繁荣花园商业中心，实现经济效益和社会效益双丰收。

据介绍，花园百货小吃一条街旨在进一步提高花园餐饮品位，提升花园市场环境，优化产业功能布局，升级区域商业业态。

当年6月，邵钦祥实地走访时就指出，要拆除花园粮油商贸城区域内简易钢棚并实施搬迁整合以实现提档升级，打造有品位、有特色、有亮点的花园百货小吃一条街。几个月后，花园百货小吃一条街建成开业，消费者既能品尝到全国各地美食，也能购买到价格实惠的百货商品，这条街也与花园商业中心以及原先的多条街道一起，组成了一个集住宿、购物、餐饮、娱乐、健身、休闲、培训等为一体的综合型商业航母。

六、影视文化探新路

横店，这个曾名不见经传的小镇，随着横店影视城影视文化、旅游产品的不断升级开发，实现了从单一"影视基地"向影视主题旅游公园的战略转变。

花园村毗邻横店，花园人耳朵里自然也听到过很多关于横店的传奇。自村里确定发展旅游产业后，自然而然想到了影视文化。

《花园报》第一任总编、现花园村和花园集团党委副书记金光强承担这一重任，担任花园文化中心主任。在他看来，花园村发展影视文化产业有得天独厚的条件，且介入影视生产的核心，可实现文化和经济双赢。

于是，花园村成立了花园影视文化传媒有限公司。一年后，花园影视文化传媒有限公司的处女作电视连续剧《大明按察使》在央视播出，反响巨大。

"花园村从传统产业到高科技产业，这一步迈了十年，但是做得非常成功。如今，花园需要用文化产业来创新发展，需要用文化精神来装点花园灵魂。"花园集团党委副书记、花园文化中心主任、花园影视文化传媒公司董事长金光强如此表示。

金光强所说的文化产业构想，来源于花园集团掌门人邵钦祥。这位农民企业家并不满足于花园村现今成就,虽然花园实力日益壮大,物质水平迅猛发展,但是花园的"软实力"尚未产生"影响力"。邵钦祥认为,要打造花园村的内在本质,创造花园村的品牌形象,提升花园村的精神文化,必须从文化产业进行转型升级。于是,花园文化中心成立了,金光强就成为了首位主任。

"介入影视生产的核心,获得更高的收益,文化和经济双赢,成了一种更长远的投资战略。"金光强表示。拿到证的第三天,花园传媒公司就与杭州银江传媒有限公司、杭州文联影视动漫创作中心一起,在安徽省黄山市黄山区轩辕国际大酒店举行联合投资拍摄的首部大型古装悬疑侦探电视剧《大明按察使》新闻发布会。"可以用'快、准、狠'这三个字来形容花园村进军影视文化产业的第一印象。"金光强回忆道。进军影视文化产业是为了把花园村打造成为全国第一个发展文化影视产业的新农村。

《大明按察使》讲述的是被誉为"铁面御史"的浙江按察使周新查凶审案的传奇故事。该剧由中国作家协会会员、国家一级作家廉声编剧,这是他继创作了热播剧《大宋提刑官》后的又一力作。该剧在剧本结构上设置精妙,全剧双线贯穿,由一个大案及十个悬案串联全剧,情节内容悬念迭生,跌宕起伏,多重人物相互纠缠,谁是谁非始料不及,人物命运生死交替,变幻莫测;剧情以快节奏的铺陈方式,紧张情节环环相扣,以证物查案情,以逻辑推断情理,引人入胜,扣人心弦!该剧案例多样、真实可信,极具故事性、观赏性和科学性。

仅用了一年多时间,花园传媒首部作品就登陆央视,这无疑给花园人发展文化产业带来了信心。

第十章
从《花园报》看文化建设

作为花园集团的掌舵人，邵钦祥特别注重文化建设，物质文明和精神文明并重。

早在 1997 年，就创办了《花园集团报》。2005 年，《花园集团报》更名为《花园报》，并沿用至今。该报从四开半月黑白小报不断调整，今天为彩色大报、旬刊。

《花园报》见证了花园发展路，留存了花园村文化建设的精彩瞬间，成为外界了解花园村的重要窗口。

回过头来翻看 20 多年的《花园报》，既有发生在集团、村庄的大事，也有副刊记录的员工、村民的闲情雅兴。当然，最为主要的是，通过报纸及时传达了集团、村两委的决策，尤其是注重及时反映邵钦祥的思想动向和决策判断，通过报纸及时传播，凝聚共识谋发展。

一、农民办报纸

1996 年，因与邵钦祥熟悉，20 岁的金光强来到了花园集团，在花园集团办公室工作。在金光强的印象中，当时集团部门少，他担任总裁文秘与办公室主任，既负责接待，又负责文字工作。在那段时间，与邵钦祥几乎天天在一起，协助处理了很多集团、村庄的大小事务。

第二年，邵钦祥给了金光强一项新任务，那就是创办一份企业报。

彼时，民营企业发达的浙江，已经有企业创办了报纸。比如，1993 年，正泰集团创办了《正泰报》，月刊。通过报纸，内聚合力，外树形象，围绕各个时期的中心工作，创造性地开展企业宣传。

第十章 从《花园报》看文化建设

金光强没有搞过报纸出版,也没有从事过新闻工作,但深受邵钦祥影响,凭借一股不服输的精气神硬是接下了这项任务。

采访、写作、编辑……每一个环节,金光强学中做,做中学,既当记者,又当编辑。说是主编,早期其实就是光杆司令。

已经在花园集团工作24年,如今担任集团党委副书记、文化中心主任的金光强,回忆起当年那段经历,仍有点心潮澎湃。他坦言,深受邵总感染、影响。

1997年5月26日,是《花园集团报》创刊日期。按照传统,创刊自然得有个发刊词。邵钦祥以《高举精神文明旗帜 迎接跨世纪的辉煌》为题,阐述了为什么办报及期望达到的目标。

他在发刊词中这样写道:

乘着浩荡的东风,披着灿烂的朝霞,在大家热切的期盼中,《花园集团报》应运而生了。这是我们奉献给公司全体员工的一份厚礼,也是对关心我公司发展的广大读者的一个真诚的回报。

农民办报纸,在庸人的目光看来简直不可思议,因为这是自古未有的创举。千百年来,赋词吟诗、著书立说是文人墨客的事,"泥腿子"们是连边也沾不上的,所谓"不登大雅之堂"就是这个意思。可是,今天花园人居然办起集团报来了。当散发着浓郁墨香的《花园集团报》(创刊号)奉送到广大读者面前时,人们一定会惊叹不已,也许会有人斥之:"幼稚,可笑。"

鲁迅先生说过:"幼稚对于老成,有如孩子对于老人,决没有什么耻辱的";"即使天才,在生下来的时候的第一声啼哭,也绝不会就是一首好诗。"在改革开放的大潮中,花园人既然能勇立潮头,闯出一条"以工扶农,以企兴村"的花园之路,把昔日一个贫穷、闭塞的山村变成一个充满诗情画意的城市式社会主义新农村,同样,也一定能用如椽大笔书写彪炳时代惊世骇俗的鸿篇巨著,这是必然的。《花园集团报》的诞生和成熟,必将向世人昭示:花园人不仅是物质财富的创造者,也是精神财富的创造者,任何困难都阻止不了花园人前进的脚步,我们完全有条件有能力,办好《花园集团报》。

《花园集团报》是弘扬花园人开拓创业精神的舆论阵地,是向外界展示花园集团风采的精神文明的窗口,它将忠实地记载创业者的忠诚壮举和辉煌业绩,热情讴歌花园人的拼搏进取,客观地报道花园集团两个文明的建设和成就,花园村的新人、新事、新风尚,及时地传递花园精神,弘扬社会正气，创建花园名牌，宣传花园之路，广交花园之友，让花园走出乡村，迈向市场，走向全国，面向世界。让中国了解花园，让世界了解花园……

从这份充满激情的发刊词中不难看出邵钦祥勇立潮头的豪情和对精神文化建设的高度重视。

此后，邵钦祥关于村庄和企业建设的想法、举措都是通过这张报纸第一时间传递到花园集团每个车间、花园村每个角落。

随着队伍的壮大，主编升为总编。

2015年1月7日，《花园报》头版刊发了邵钦祥的署名文章，这篇题为《百年花园梦，而今从头越》的文章号召花园人以更加饱满的热情、更加旺盛的干劲、更加务实的作风，努力开创花园更加美好的明天。

文章显示：

2014年，花园的一幢幢建筑拔地而起，令人感叹花园速度的名副其实：花园红木家具城五期盛大开业，市场总建筑面积达38.6万平方米，拥有品牌经营户1800多家，标志着天下红木第一村——花园村——这艘市场航母再度集结；花园文化广场内的中国农村博物馆、花园游乐园、花园剧院以及图书馆等相继投入使用或对外开放，大大提升了花园人的文化品位与花园村的旅游档次；花园小区旧村改造项目顺利进行，村民们通过异地搬迁建设了一个整齐划一的现代化居住区，享受着比城里人还幸福的"两富"和"两美"新生活；此外，花园湖景城项目建成交房、花园建设集团大楼即将竣工、花园油漆雕刻中心已经封顶、万兴路两旁转型升级进展顺利……都在书写着载入史册的"花园速度"。

2014年，花园的一个个项目催人奋进，令人感受花园发展的实至名归：花园高科公司致力于三个新项目建设，正在积极开拓维生素D3产品产业新领域，努力打造"完整的维生素D3上下游产业链"，以振兴民族工业于世界之林；花园铜业公司年产10万吨高精度宽幅铜板带生产线项目建设进展顺利，近5万平方米的单体厂房正在紧锣密鼓地安装设备并争取尽快竣工投产增效；花园电子科技公司年产5000万只新型波纹管项目顺利投产，并加快推进年产500万片智能式温控器电路板以及年产1000万只特种不锈钢波纹管项目实施；此外，花园集团与中兴通讯强强联姻、花园包装公司彩印项目上马、花园药业公司加快新药研发、老汤火腿公司获得直接出口权……都在诉说着后劲十足的"花园发展"。

第十章 从《花园报》看文化建设

2014年，花园的一项项荣誉惊心动魄，令人感动花园成绩的来之不易："花园生物"（股票代码300401）在深交所创业板正式挂牌上市并登陆资本市场，标志着花园村诞生首家上市公司且领跑世界维生素D3龙头企业；第十四届全国"村长"论坛召开期间，公布了以华西村、大寨村、花园村为前三名的"2014中国名村影响力300佳"等榜单，使得花园村在全国名声大振；第八届全国大学生村官论坛暨全国"村长"论坛第十次执委会议在花园村举行，与会人员认为花园村是近年来全国发展速度最快、发展变化最大、发展质量最高、发展后劲最足的一个村；此外，花园村村民委员会荣获"省级模范集体"、中国农村博物馆落户花园村、花园集团荣登多项权威榜单……都在记录着硕果累累的"花园成绩"。

2014年，花园的一次次文化活动丰富多彩，令人感慨花园成长的点点滴滴：元宵节1600多桥的花园板凳龙，在展示花园人富裕、和谐、文明的同时，向数以万计的人们带来了精彩的视觉盛宴并感慨文化的无穷魅力；中国农村博物馆开馆，收集的史料记录了中国农村发展历程，有利于系统性地保护和利用好农村文化资源并推进农村文化建设，将名村的发展经验和成果进行推广和借鉴；花园文化传媒公司参加了第十八届香港国际影视展，携带《大明按察使》和《大明按察使之铁血断案》两部作品参展并吸引了众多海内外买家的目光；此外，花园党校活动开展不断、花园艺术团提升节目档次、浙江师范大学附属东阳花园外国语学校等建工作顺利、《花园村志》编纂出版……都在传递着魅力无限的"花园成长"。

2014年，这一年，花园村成为了人们创业就业的焦点；这一年，花园村吸引了成千上万游客的目光；这一年，花园"党的群众路线教育"贯彻落实深入人心；这一年，花园"没有执行力就没有竞争力"主题大讨论切实有效……这一年，给我们的太多太多。然而，新年的号角已经响起，花园人要继续明确目标，加大投入，抢抓机遇，加快发展，巧借党的政策东风，乘风破浪稳步前行……

2017年1月14日至20日，浙江省十二届人大五次会议在杭州隆重召开，省人大代表、花园村党委书记、花园集团董事长兼总裁邵钦祥出席会议，在浙江省省长参加金华代表团审议时汇报了花园村坚持做到四个"不动摇"，省长连连称赞"了不起"。

当年1月23日，这一重要信息刊发在《花园报》头版头条，可谓快速、及时。同样在这期《花园报》头版上，还刊发了村民喜迎春节的照片。当年1月16日上午，东阳市总工会"情系职工，春联送福"活动走进花园村，在花园购物广场前为广大花园村民、花园集团员工以及外来务工经商者执笔挥毫免费写春联，给大家送上春节的祝福并喜添节日气氛。报道配发了村民拿着对联，欢天喜地的情形。

2020年5月9日，花园集团2020年工作会议召开，邵钦祥作题为《坚持新发展理念，助力乡村振兴综合改革，为花园高质量发展而努力奋斗》的工作报告。会上，邵钦祥全面总结回顾了2019年工作。他说，2019年是中华人民共和国成立70周年，也是全面贯彻党的十九大精神之年，更是花园提质增效走向高质量发展的一年。一年来，面对错综复杂的国际国内经济环境、中美经贸摩擦以及经济下行压力持续增大形势，花园紧紧围绕年初制订的十九件大事，大力发展工业实体经济，不断优化商贸旅游产业，不断提升完善民生事业，全面推动花园经济发展、农村建设、百姓生活、社会和谐高质量。

5月13日出版的《花园报》在头版头条重要位置及时刊发了这一报道，大篇幅引用了邵钦祥的原文，将邵钦祥关于集团发展、乡村振兴的最新部署在第一时间传达出去。除了发生在村内的重磅信息，当天的《花园报》还刊登了《夏日如歌》《工作着是美丽的》等多篇随笔。

2009年，王江红接任《花园报》总编。

读初中时，一位好友问他长大了想干什么，他当时对记者这一职业不了解，只觉得记者很了不起，就随口说要当记者。

高考填志愿时，王江红选择了中文系，但"不幸"读了经济秘书专业。然而，他没有忘记自己的梦想，一有空就写点东西练练笔头。

2005年大学毕业后，带着省级优秀毕业生的光环，王江红放弃了到杭州太子龙集团工作的机会，到花园集团《花园报》当起了一名普通的企业报记者。王江红表示，在当时《花园报》领导的耐心教导下，他慢慢步入正轨，并发现在企业报工作也有很大的发展空间。

他表示，《花园报》时刻关注花园人的动态，花园人在会场陈言、在村庄畅想、在工厂劳作、在校园诵念、在书斋握笔、在农田挥汗……也一一记录在此。

据介绍，自创刊以来，《花园报》始终坚持"面向员工、服务花园"的宗旨，以"亦庄亦谐、图文并茂、追求品位、办出特色"的编辑方针，在寻求领导满意与员工爱看相结合，企业报特色、时代特色与花园特色相统一等方面做了积极有益的尝试，并在实践中逐渐形成了自己的风格。

《花园报》刊发文章的形式不拘一格，既有消息、通讯、访谈，也有企业与文化并重的新闻评论、案例分析、散文随笔等。《花园报》版面设置有：一版要闻——记录花园最新、最热及重大的事件，体现集团的权威意识；二版综合新闻——展示花园形象、分享花园喜悦；三版前沿或关注——让大家能更多地了解管理、经济、科技以及生活的前沿；四版艺苑——就是文艺副刊版。栏目也根据需要而定，因时而变，因事而异，力求做到观点到位、个性鲜明、好看耐看。

20多年时间里，两任总编接力，《花园报》润物细无声地通过一则则新闻、一个个故事向员工、村民传递花园精神以及文化理念，从而使每一位花园人都更好地在实际工作和生活中践行花园使命。

二、赢得广泛好评

2017年5月，《花园报》创刊20周年出刊500期。当年5月6日出版的《花园报》上，邵钦祥以《讲好花园故事，传递花园声音》为题发表了署名文章，他写道：

《花园报》是花园的喉舌和文化的窗口，是讲述花园故事、凝聚花园力量、传播花园声音、弘扬花园精神、展现花园风采、树立花园形象的重要载体，已成为花园人不可或缺的精神食粮。当年创办《花园报》就是旨在提升花园文化及品牌形象，着力发掘文化资源，发展花园文化，创新经营理念，提高花园素质，增强花园核心竞争力。

20周年，500期，是一种成长，饱含着对花园拼搏奋斗的执着；20周年，500期，是一种积淀，满载着对花园茁壮发展的点滴；20周年，500期，是一种幸福，记录了花园人欢声笑语的美好；20周年，500期，是一种使命，吹响了花园人实现梦想的号角；20周年，500期，是花园历史长河里的一座里程碑，是花园发展浪潮里的一个风向标。

20周年，500期，一路走来，花开有声。花园一点一滴的成长都在《花园报》上留下印迹，从第一期创刊之日始，《花园报》就用朴实生动的文字、精彩夺目的图片、变幻多姿的版式，紧密伴随着花园发展的每一段历程，忠诚记录并见证着花园前行的每一个足迹，传播着花园的正能量。

20周年，500期，一路走来，温情于心。《花园报》记者用手中的笔和镜头述说着花园日新月异的变化，向世人充分展示了花园蓬勃发展、欣欣向荣、繁荣兴旺的景象，义不容辞地承担起"构建先进花园文化"的重大使命,激励花园人以更饱满的精神状态投身于花园各项事业。

20周年,500期,一期期《花园报》,在经历了漫长的岁月之后,只剩下微微泛黄的纸页与尘封的油墨味,她是花园在企业文化领域的开拓者和探索者,她把时代的轨迹浓缩进铅字里,她是对珍贵历史最好的见证与铭记,被时间小心翼翼地珍藏,翻开她,沉甸甸的,让人感到一种厚重与亲切。的确,《花园报》贴近一线、贴近业务、贴近现场,用最真挚的笔触零距离走进花园人的心扉,用或浓或淡的笔墨抒写花园人生,用绚烂多姿的美图描绘花园生活。

20周年,500期,《花园报》以记录花园的成长发展为己任,以报道花园的大事要闻为出发点,上情下达,下情上传,大到花园的大政方针、战略决策、大型会议,小到好人好事、员工风采、技术突破……全面反映发展历程、经营成果、队伍风貌,传播花园文化,弘扬时代精神,提升花园形象,以企业传媒特有的亲和力成功架起了企业与员工、企业与客户、企业与社会各界的交流平台,成为连接各方的桥梁与纽带。

体现花园文化的图书报刊

花园一直非常重视文化建设,始终把"构建先进花园文化"作为发展的战略性任务之一。当前,全球经济一体化和科学技术的突飞猛进,也迫使我们要不断发展文化……

五天之后的5月11日，在花园村又举办了创刊20周年出刊500期座谈会，浙江省企业报协会会长沈淼、金华市内部报刊协会会长楼毅、《东阳日报》副总编辑朱榕贵，以及来自浙江省企业报协会以及金华市内部报刊协会的数十家企业报总编、新闻工作者与会，点评《花园报》及探讨全媒体时代企业宣传工作开展。

座谈会上，沈淼指出，《花园报》内容上积极向上，版式上得体大气，视觉上丰富多彩，通过多种形式、各个角度为花园人奉上了文化大餐，更为花园快速发展提供了不可或缺的精神力量。一直以来，《花园报》始终追求信息量大、版面编排合理、文字流畅精准，在历年省企业报好新闻评选中获奖不断，值得协会各企业报学习。

朱榕贵表示，《花园报》从婴儿成长为生机勃勃的青年，靠的是坚持、靠的是一支爱岗敬业、专业素质高的新闻队伍。《花园报》的小平台，做出了大作为；《花园报》的小内容，写出了大情怀；《花园报》的小步伐，走出了大格局，用最朴实的语言、最精致的手法、最精准的角度描绘了一幅中国新农村建设的美丽华章。

《金华日报》东阳分社社长助理刘小红表示，《花园报》在版面上、内容上、设计上、导向上与时俱进，充分向主流大报看齐，做到了舆论导向正确、报刊特色鲜明、内容丰富充实、版式设计新颖、深受群众喜爱，生动地展示了花园欣欣向荣、蓬勃发展的形象。

浙江省企业报协会顾问、副会长刘和平认为，《花园报》给人的印象就是内容精彩、图片精美、版面紧凑、编排精致，有主流媒体的使命感，始终把握正确导向；有城镇报刊的大格局，始终贴近企业的发展和村民员工的生活，确确实实是一张有情感、有故事、有分量、有追求的报纸。《花园报》之所以能取得如此骄人成绩，取决于各级领导的高度重视和相关单位的密切配合以及一支高凝聚力、高执行力、高战斗力的新闻队伍和一支拉得出、打得响、传得远的通讯员队伍。

20年的时间里，《花园报》曾荣获全国最佳企业报刊奖、浙江省优秀企业报以及金华市优秀企业报等诸多荣誉。

三、构建融媒体平台多渠道宣传

在2017年那场座谈会上，现任总编辑王江红通过花园集团的发展与自身日常工作见解，就这一主题提出了自己的三点看法。他认为，在新形势下开展企业宣传工作，一要立足传统媒介，把握宣传主线，不能忽视纸媒在整个企业发展中所发挥的重要作用；二要拓展媒体矩阵，实现宣传多元化，充分利用移动互联网宣传工具在传播速度与受众面上的有利条件，以弥补企业报宣传的滞后性与局限性；三要善于抓住新闻要点，主动对接社会媒体，发挥宣传工作者敏锐的新闻触觉，寻找正确的宣传平台媒介，扩大企业文化宣传力度。

据介绍，早在2013年12月，花园媒体中心就捕捉到新兴媒体所蕴含的传播能量，与时俱进，适应形势，开通了"东阳花园村"微信公众平台，微信用户关注后就可及时了解花园村企发展动态，在解决《花园报》作为传统纸媒时效性不足问题的同时，吸引数以万计粉丝关注，并带来数百万之多的年阅读量。

随着新兴媒体快速发展，2016年10月，花园媒体中心又开始运营"东阳花园村"头条号并正式入驻今日头条，通过联合互联网移动客户端平台扩充花园村新闻受众，担负起向外宣传花园村企最新动态的职责，实现了扩大影响力、提升知名度、增强美誉度的目的，成为花园村企向外界发声的又一喉舌。

如今，宣传渠道趋于多样化，短视频更是火爆，抖音、快手等专业APP受众巨大，成为又一宣传重要手段。花园媒体中心继续紧跟时代步伐，拍摄制作大众喜闻乐见并与花园息息有关的短视频以拓展宣传新形式。

不仅如此，花园媒体中心将依托微信公众平台、今日头条号、抖音短视频等平台，同步运营ID为"东阳花园村"的西瓜视频、ID为"DYHYC666"的快手平台以及ID为"东阳花园村"的微博等新兴媒体并形成全媒体矩阵，让电脑、手机、平板等各种终端都能成为全国各地粉丝了解花园实时信息以及实时互动的重要途径。同时。花园媒体中心还将充分利用现有视频资源，致力向《人民日报》、新华社、央视新闻、浙江新闻浙视频、浙江卫视蓝媒号、天目新闻天目号、金华新闻金视频等新闻客户端投稿，让更多人通过视频认识、了解、热爱花园。

在立足花园的同时，《花园报》拓展了对外联系，有意识地把《花园报》办成一份外向型的企业内刊，融入社会融入媒体，积极对外传播花园品牌。多年来，《花园报》稿件已有近万篇被数百家中央、省、市新闻媒体刊登或转载。

2020年3月，《花园报》出刊600期，以《花园报》编辑部名义发表的一篇文章显示:"1997年5月,我们'诞生'了,一晃20多个春秋600期,我们记录每个'此时此刻',直到'此时此刻'成为显像的一部分,成为贯穿花园历史和今日的时光机;我们发声呐喊,那些平地而起的高楼,那些辛勤劳作的花园人,那些建设花园的豪情壮志,那些故人里被岁月模糊了的面容,那些面容中被风霜蚀刻下的皱纹……这一切,都因为《花园报》出刊600期,在我们记者的笔下,变得异常生动、鲜明、隽永,历历在目,触手可及。我们一直都在,也从未曾改变。"

《花园报》及新媒体平台的期望是:及时传达集团、村两委声音,丰富百姓文化生活,凝聚共识谋发展。

四、花园村春晚

花园村每年还举办春节联欢晚会,目前已举办八届。"村晚"是花园文化建设的一个集中缩影,可以让老百姓实实在在地感受到新时代幸福美好生活,每年春节临近大家都会迫不及待地等着看。

2019年1月25日和26日晚7时,花园村以"我们的新时代"为主题的春节联欢晚会连演两场。花园剧院里,台上,流光溢彩,光影闪烁;台下,座无虚席,欢声笑语,到处洋溢着喜庆祥和的浓浓春节氛围,一个个精彩纷呈的节目,更是为奋斗了一年的花园村村民、花园集团员工以及外来创业和务工者呈现了一场不同寻常的文化盛宴。

花园村每年的"村晚"都是全村"总动员"。2019年的"村晚"就有230多人参与,演出人员除了花园村自己打造的花园艺术团外,还有花园村村民、花园集团员工、外来创业和务工者以及花园外国语学校、花园中学、花园幼儿园的师生。

"这节目太有意思了!""既有时代气息又有地方特色。""我女儿也登上了村晚舞台"……一句句点赞的话语,一幅幅灿烂的笑容,表露出观众们对这场晚会的高度评价。近两小时的演出,气氛热烈,高潮迭起,掌声雷动,观众们的欢呼声和呐喊声更是此起彼伏。

"幸福是干出来的、是拼出来的、是奋斗出来的,只要我们一心为公干事业、一心为民谋福利,我们花园村一定会更加美丽、更加富强,我们的花园村民一定会更加幸福、更加富裕,'世界名村''世界强村'的花园梦一定会实现!"花园村领头人邵钦祥在大屏幕上向大家致以新春祝福的同时,表达了新时代的花园人更应该发扬实干、拼搏、奋斗的精神。

围绕"我们的新时代"这个主题，整场晚会分开场、瑞雪迎春、和煦春风、追逐时代、超越梦想、尾声等六个部分，歌唱、舞蹈、口技、讲述、戏曲、魔术、杂技、小品、广场舞以及情景表演等艺术表现形式融于一体，讴歌了花园人自强不息、开拓进取的新思想、新风貌、新作为，展现了花园人在物质生产、精神文明方面的新姿态、新干劲、新气象，颂扬了改革开放40年来花园人所取得的巨大成就与丰硕成果。

"口技不再单一、杂技融入故事、戏曲种类联唱、小品结合音乐、舞蹈异国风情，每个节目我们都绞尽脑汁用心用情创新创作，就是要给观众留下深刻的印象和美好的记忆。"晚会总导演刘武如是说。不仅如此，十二生肖发红包送福，晚会现场观众抽奖，等等，每个环节与以往相比也有不少创新之处。

多样的形式是载体，丰富的内容是本质。歌舞《福运欢歌》体现了"闹"，讲述《花园赞歌》展示了"绩"；小品音乐剧《美丽乡村总动员》宣传垃圾分类，广场舞《写在脸上的自豪》倡导健康生活；舞蹈《锦绣之路》展现"一带一路"的国家倡议，歌曲《中国进入新时代》唱响中华崛起新时代；每个节目都有各自的特色和亮点。

值得一提的是，随着数字网络的普及，花园村运用网络视频直播等技术，让"村晚"上了"线"，无法回到家乡的花园人在手机上就可以同步观看，将花园文化与在外游子紧密连接，巧妙地将春节文化元素传递到五湖四海乃至全球各地。

"东阳花园村"微信公众号首页开通了"春晚直播"版块，只需点击这个版块，就能自动连接到晚会直播端口。也就是说，只要有手机、电脑等能够收看网络视频的终端和上网的环境，在地球的任何角落都可以同步收看。在直播平台上，还可以随时发表对节目的看法，并以评论的方式实时更新，还能跟其他网友交流看法，线上线下同样热闹。不仅如此，晚会结束后，"春晚直播"就会变成"春晚回看"，哪怕没赶上直播，回头也能看到晚会全过程。

《2020花园村春节联欢晚会》以"感恩新时代"为主题。围绕主题整场晚会分《序》《百花齐放·吉祥年》《春华秋实·丰收年》《万紫千红·福运年》《尾声》五个部分进行，讴歌了花园人勤劳刻苦、自强不息、锐意进取的风貌与作为，展现了花园村勇举标杆旗、勇当排头兵、勇做先行者的信心与决心，赞美了新中国成立70周年以来各个方面取得的发展与成就。

第十章 从《花园报》看文化建设

2020年花园村春晚盛况

伴随着喜庆的节奏和欢快的音乐,晚会在少儿舞蹈《猫鼠之夜》中拉开帷幕。情景歌舞《妈,我们回来了》,描绘了一幅浓浓新年氛围中家人团聚的温馨画面。抖音串烧《幻》《大田后生仔》《护花使者》《野狼DISCO》,彰显了花园人的青春活力,将现场观众的目光全都聚焦在了舞台上。魔术《勇敢者》《浴火重生》,赢得了接连不断的尖叫声、喝彩声、欢呼声。男子群舞《匠心》、女子群舞《春风》、旗袍走秀《花园情》,展现了花园人奋斗在花园的精神面貌、生活在花园的幸福模样。诗朗诵《初心不忘》,表达了花园人向着"中国农村第一城"大步迈进的信心与决心。京韵歌曲《大英雄,威风抖》,余音绕梁,让人在熟悉的旋律中铭记激动人心的时刻。歌曲联唱《东方红》《春天的故事》《走进新时代》《我们都是追梦人》,耳熟能详,让人在亲切的歌声中见证祖国大地的沧桑巨变。口技《前进吧,祖国》,献礼祖国,让人在多样的声音中感受新时代中国的强劲脉动。杂技《开拓先锋》,扣人心弦,将现场气氛推向高潮。歌舞《和祖国在一起》,逐梦未来,将祖国大好河山的壮丽画卷铺展开来。

晚会在合唱《我和我的祖国》中画上了圆满的句号。乡村春晚,是乡情的黏着剂、文明的催化剂,更是邻里关系的润滑剂。通过筹备、参与以及观看春晚,花园人的归属感、道德感、责任感和认同感等情感都得到一定程度上的巩固和交融,人们之间的关系也随之变得更加和谐,为花园快速健康可持续发展解锁"幸福密码"。

第十一章
以工富农强村，先富帮后富

起源于邵钦祥的共富观，从办企业开始，他就想着如何实现花园村共同富裕。一方面，企业发展过程中不断反哺村庄；另一方面，想方设法搭建平台促进共同富裕。

花园集团的快速发展，彻底改变了花园村的面貌，促进了花园村的全面小康建设。

最新数据显示：2019年，花园村实现营业收入602亿元，拥有个私工商户达3768家，村民人均年收入达13.5万元，接待国内外游客570万人次，是金华市首个且唯一的税收超3亿元村。

一、企业反哺村庄

从创办花园服装厂起，邵钦祥就每年从企业利润中拿出一部分，支持村庄建设。

企业刚有所好转，邵钦祥就抽出了3500元，用来兴建三座电灌机埠，并完成其配套工程——开挖1600多米长的渠道。这样，花园村的242亩农田就彻底改变了过去那种十年九旱的状况，实现了旱涝保收。

对他的这一举动，有的人很不理解，跑到他面前说："你这聪明人在办糊涂事，自己有钱不知道花，职工的奖金也不多发点，偏偏要把钱撒到土地上，这到底是图什么？"

"把钱塞进自己的腰包，肥了我一人；职工多发了奖金，也只能乐呵一时；而用它来改善生产条件、改进农田设施，才能长远富裕，造福后

第十一章 以工富农强村，先富帮后富

代。你说哪个好？"

为改变村容村貌，花园村从1983年起逐步投资、分步实施机耕路拓宽改建为公路，改造用电线路，打深井安装自来水，兴建影剧院和综合活动楼等。

旧村改造计划来源于花园村的实际，人均仅有0.39亩土地的花园人十分珍惜土地，只有统一规划，进行旧村改造，才能保住良田，才能把贫穷的山沟建设成新型的乡村。

从1988年开始实施旧村改造第一期工程，拆除了49户122间旧房，安排51户回建新房216间。

在此基础上，于1993年7月开始，邀请杭州大学城市科学和区域规划系的专家，花半年时间对村镇规划重新勘察设计。1994年初，旧村改造的第二期工程开始启动，拆除了86户198.5间旧房，安排新建83户157间楼房，仅花了一年时间，全村的旧房已全部拆除，村民们住上了新房，可以说是户户新楼漂亮，家家喜气满堂。

身为花园工业公司总经理的邵钦祥，一手抓工业，另一手总是紧抓农业不放，千方百计增加农业投资。从1982年起，他们先后投资5.6万元，先是兴建三级电灌站、修起1600米的"三面光"渠道，然后又对主要塘库进行砌石加固，还在全村农田修筑了机耕路，发动村民在11个荒坡上搞开发性农业。

企业有了实力后，从1990年起，村办企业扶农、贴农成为制度，农业税定购粮任务全由村承担，水电费、大田承包款及各项提留全部免交。全村的少年儿童入学入托均予免费；60岁以上的老人可享受每年350公斤口粮，生活费补贴600元；每学期给在校高中生50元、中专生60元、大专生90元的生活费津贴，并且还设立了奖学金、奖教金。

村民的文娱生活也丰富了，闭路电视可通到每家每户，职工食堂为90%以上家庭供应工作餐。彩电、冰箱、空调、摩托车等高档商品已进入寻常百姓家。全村可以说没有暴发户，也没有贫困户。

花园村的知名度提高了，浙江省内外参观者络绎不绝，但他们没有沾沾自喜，躺在丰功碑上，而是在邵钦祥的带领下描绘新的蓝图：立足花园，面向全国，走向世界。以花园为基地，以科学为先导，以骨干企业为依托，发挥规模优势，优化产业结构，提高整体素质和资本运行效益，加快科技成果的生产力转化，尽快把花园村建设成为高度文明、生活富裕、经济繁荣的现代化都市式社会主义新农村。

当时，邵钦祥带领"一班人"站在新的起跑线上，毫不松懈地奋力拼搏，力争实现三个目标：一是工业实现新的腾飞，"九五"期末，完成"116622"工程，即产值10亿元，创利税1亿元，依靠科技进步因素增长产值占总产值比例达60%，外贸出口额6亿元，员工人均年收入2万元，科技人员占员工总数达20%；财务、人事、档案、生产等全部实行电脑自动化管理和指挥；加快电子、冶炼、印刷、机械等高科技行业的发展速度，再创三个名牌产品和五个拳头产品。火腿食品厂生产的花园牌火腿王系列产品荣获1995年国际食品及加工技术金奖，使之成为支柱产业和影响行业潮流的排头企业，成为科技资金密集型、生产销售外向型企业。

二、并穷村求共富

"建设社会主义新农村是我一生的追求，带领村民共同富裕是我一生的愿望。一村富不算富，村村富才是富。"这是邵钦祥经常说的一句话。

自完成第一次旧村改造的1998年起，花园村就已远近闻名，当年花园村还荣获了"浙江省社会主义新农村建设示范村"称号。到2004年时，花园村产业蓬勃发展，村庄治理有效。

2004年，花园集团总资产超过9亿元，净资产达5.77亿元，已是国家级大型乡镇企业集团。

当年，东阳进行行政区划调整，当地政府决定让花园这个火车头带动周边村庄发展，将花园村与周边9个行政村合并组建新花园村。

那一年，邵钦祥刚好50岁，并村决定发布后，邵钦祥在很多场合说："前半辈子我建了0.99平方公里的小花园，后半辈子要带着更多的人，把5平方公里的新村建成一个共同富裕的大花园。"

周边有些村庄，曾经条件远好于花园村，比如马府村，当年花园人还得去那挑水、碾米，但随着时间的推移，花园把马府村远远地甩在了后面。马永胜是原马府村支部书记，现花园村党委委员、第五支部书记。他表示，当时马府村没工业企业，尽管只隔一条马路，但两村已是天壤之别。马府还算好些的，有些村刚脱贫，有些村集体经济一片空白，还有个别村集体负债累累。

即便这样，刚开始，很多村民还是心里不是滋味，或者抱着观望的态度。因此，宣布并村后，花园村和其他9个村的村民们想看看邵钦祥到底怎么出牌。

"并村后我的第一件事，就是安排全村700多名老人来原花园村参观，老花园村的成就令老人们赞叹不已，让他们感受到了：做个花园人真幸福！"邵钦祥事后在接受媒体采访如此表示。

今天来看，这张牌显然打得很成功。因为村庄毗邻，山水相依，这些老人对彼此的历史都很清楚，他们共同经历了艰苦岁月，甚至有些还有千丝万缕的亲戚关系，一些家长里短的小事都知道个大概。

可是，当他们再次走进花园，仔细观察时，却意外地发现，与停留在他们心目中的花园已经是天壤之别。

曾经的花园村，北到东阳市，南到南马镇，西到黄田畈，全是羊肠小道，碰上下雨，泥泞不堪。正所谓"晴天一身汗，雨天一天泥"。

这些老人们大多记得一件事，那就是1978年，当时新上任的南马公社党委书记第一次骑自行车到花园村，在泥泞小路上摔成重伤。

然而，这次老人们惊奇地发现，以前的低矮土房被一幢幢三层楼房和别墅取代，土路变成了宽敞的柏油大道。最让他们意外的是，花园村竟然有那么多新式厂房。工厂林立却环境优美，影剧院、图书馆、学校、医院等场所一应俱全。村里还建起了星级宾馆，里面有大小会议厅、保龄球馆和网球场等。

他们后来了解到，当时花园村村民人均年收入超过了2万元，人均住房面积100多平方米。村里60岁以上的村民都可以每月领取60元生活补贴，每年可领取350公斤粮食补贴，每周还可免费看两场电影……

边走边看边听，老人们连连称赞、啧啧称奇。老人们回去后，纷纷给他们的儿孙讲述花园见闻。就这样，9个村的村民开始重新认识花园村。

一下子并入那么多"穷村"，原有的福利会不会减少？老花园村村民也曾发出各种各样的疑问。相关福利增加难，要减少更难。并村后，人口基数突然翻了数倍，如经济得不到相应的增长，人均收入、福利自然会大打折扣。

因此，老花园村村民也存在疑虑。不过，30年的发展，让老花园人对邵钦祥非常信赖，认为邵书记肯定会有办法。

有了这些基础，邵钦祥开始大刀阔斧地行动了。他打出的第二张牌是宣布：新花园村将实现"一分五统"管理办法，即花园集团和村集体分开，财务统一管理、干部统一使用、劳动力在同等条件下统一安排、福利统一政策发放、村庄建设统一规划。

福利方面，邵钦祥宣布：并村之后将迅速健全医保、社保和养老保障体系，落实十多项村民福利待遇。

这无疑让 10 个村村民吃了"定心丸"，也让老花园人更有盼头。因为这些福利，有些是原花园村具有的，还有些是在原有基础上提高了。

紧接着，邵钦祥将开始重要的一步，那就是启动村庄改造。从 1988 年开始，十年时间他让老花园村换了新颜，并成为浙江省新农村建设的示范村。这些经验，都将在新村建设中再一次发挥作用。

但他深知，村庄建设要充分发挥党组织的作用，要发挥党员先锋模范作用。

2004 年 10 月 25 日，10 村合并后首次党员干部大会召开。会上，他首先谈到并村所带来的好处，分别是有利于经济建设，有利于人民生活水平的提高，有利于缩小贫富差距，有利于村建规划及建设，有利于城乡一体化建设，有利于改善农民生活环境条件，有利于减少农村内部矛盾。

他同时表示，要搞好合并后村庄的发展，最关键的一点，是要有"十全十美，努力奉献"的村党组织和村委会。

也就是说班子要有广泛的代表性，一方面能准确表达百姓诉求，另一方面要能带领群众致富。

邵钦祥带领村干部现场解决小区旧村改造事宜

第十一章 以工富农强村，先富帮后富

确实，农村发展好不好，村两委班子非常关键。两委班子，既要有能力，又要出于公心。

有些村庄，村干部只想着自己一亩三分地，有好处首先想着自己身边的亲朋好友，处理问题时不按原则，没有出于公心。再加上因为有私心，财务长期不公开。日积月累，造成一些村庄矛盾常年累积，隐患颇多。

当时已经担任 30 多年村干部的邵钦祥显然看透了这些问题，因此，他首先要求建设一个好班子。正如他常说的："当干部要有奉献精神，要公正、公平、公开。"并村前的 30 年，他和班子成员是这么说的，也是这么做的，才有了花园村天翻地覆的变化。

"要求群众做的，党员干部先做到；困难的事，党员带头做到；有利益的事，群众先享受。让中国梦里的花园村更加美丽、富裕和谐。"邵钦祥的话掷地有声、铿锵有力。

很快，并村之后村两委拿出了工作计划，强调规划引导。首先是制定全村发展规划。其次是具体工作，比如上马村改溪工程，部分村整体拆迁，修通连接各村之间的道路，建造老年公寓和村庄绿化等。

2005 年 3 月，《花园村总体规划方案》出台并通过论证，规划期跨越 16 年，从 2004 年到 2020 年，足见这个村级规划的前瞻性。

规划在遵循可持续和协调发展的基础上，坚持因地制宜，形成功能明确的"一心、四区"。"一心"即花园村南侧，由行政办公、餐饮、文体用地组成的中心；"四区"即依据东永二线形成的生物高科技产业区、东西两个居住区，以及由方店水库、别墅区、泰山公园形成的花园旅游度假区，把花园村建设成一个充满生机活力的现代化小城镇。

需要着重指出的是，在新村建设过程中，花园村严格按照规划，细化到每户人家建房，严格要求统一，按标准执行。

这在当时的农村其实是一件很难做到的事，时至今天，走进很多农村，房子一栋挨着一栋，一栋比一栋高。为什么？就是缺少规划，村民攀比性强，总觉得要比别人高一等。

花园村之所以严格执行规定，也是因为邵钦祥深知，长期受小农经济影响，一些村民贪小便宜、斤斤计较、盲目攀比、嫉妒心强。他也深知，如果不对房屋样式及高度作出明确统一规定，肯定会有人想方设法尽量比别人家高出个一寸半寸，甚至一层半层。

在农村，往往还因为一层半层、一寸半寸的高度，造成难以弥合的矛盾。经年累月，矛盾变仇恨，且越积越深。

邵钦祥看到了这些，因此从一开始就决定想法堵住这些漏洞，为村庄治理打下良好基础。今天，当你走在花园村，在同一个小区，房屋整齐划一，从外表根本看不出差异，看不出谁家富谁家穷。有钱可以把内部装饰搞好，但房子外面不能有差别。

同时，因为从一开始规划高标准，花园村村庄和房子极具前瞻性，避免了在一些地方"建了没几年拆了再建"的现象。

花园村在新村建设过程中，并不是为了建房而建房，相反，按照规划，还有些房屋临街，可以经商或出租，解决一部分村民收入来源问题。

但这样的地方自然更受人青睐，谁该分到？花园村同样有明确规定：如果原来房子是临街、位置好的优先选择；如果原来房子达不到要求，又想有临街房，途径就是通过公开拍卖。

邵钦祥在大会小会上明确表示：所有住房与商铺的确定，都只能按照"公开、公平、公正"的原则，通过招投方式确定。

规定面前，全体村民人人平等，机会均等，不分干部群众，一视同仁。

也不是完全没有其他因素，村里有些家里条件较差的村民，为了给他们一个稳定的收入来源，有些临街商铺优先给了他们。家庭困难的，村集体还提供部分借款用于建房。

规矩是这么定的，邵钦祥和村干部也是这么做的。比如，时任村主任郭鸣鹿，并村前在木线市场投资开了商铺，按照规划，木线市场要变成原木市场。郭鸣鹿面临退股退市的问题，如果退，意味着每年要损失几十万元。刚好那会，自家的房子也在拆除范围，新的宅基地按规定通过招投标获得，但位置不太好。

这让老郭很不是滋味，也很纠结，要不要找书记商量通融一下？犹豫再三，他找到了邵钦祥，本以为后者多少会给点面子。可是，邵钦祥一句话让他清醒了：村里的事情重要还是你个人的事重要？也正是这句话，让郭鸣鹿很不好意思，自己是村委会主任，想的应该是村里的大事。

最让他心服口服的是，人家邵钦祥不仅是这么说的，而且多年来一直是这么做的，主动把自己的大量资产捐献给了村里。

最后，郭鸣鹿主动拆了木线棚，几乎以原价退出了木线市场的股份。同时，还动员儿子积极投资，以每间50万元的价格拍得了沿街街面房。

三年后的2007年，新花园村10个小区全部实现道路硬化、路灯亮化、环境绿化。村里建成了大型粮油农贸城、木材市场、生态农业园……商住区、农业区和工业区井井有条。

第十一章 以工富农强村，先富帮后富

第一次并村之后的花园村，也实现了融合，齐心协力，不仅是快速发展且治理有效，村规民约深入人心。

2017年，花园村迎来第二次并村。当年《东阳日报》曾这样报道：穿行在新并入的9个村，村民说得最多的是花园村规民约带来的"变化"：并村前，村里很多工作，如拆违、整治脏乱差等，很难推进；并村后，各项工作神速展开，也就个把月时间，违章自行拆除了、房前屋后乱堆乱放不见了、村容环境整洁了⋯⋯

花园村第一支部副书记郭晓龙称之为"并村前后出现的180度转身"。并村前，他是南城村干部，让他吃惊的是，"同样是村规民约，花园村的村规民约竟有这样大的作用。"

"这是花园村第一次并村产生的'质量效应'。"花园村党委副书记金光强说。并村10多年来，村容环境、村民生活质量都有了翻天覆地的变化，幸福指数节节攀升。第一次"1+9"的成功，让这次并入的村民看到了希望、充满了信心。

因此，第二次并村相对来说顺利得多，实现了快速融合，变化立竿见影。

如今，走进花园村，纵横的街路、热闹的街区、林立的商铺、鳞次的高楼、整洁的小区、红白相间的小洋房，就像走进了一座精致秀丽的城市，宜居宜业宜游。

三、搭平台共发展

早期，邵钦祥是通过安排村民就业和直接拿钱用于村庄建设反哺村庄的。从第一次并村以来，花园集团和花园村集体分开，集团更多的是搭建平台与村民共发展，开始发展村集体经济。

2005年以来，花园村以农房改造为切入点，整体搬迁4个村，整体拆建4个村，旧村改造2个村，共拆建农户1700多户、拆除民房5000多间，面积52万多平方米，新建房屋4000多间，节约土地700多亩。

在并村过程中，花园村为了充分利用有限的土地资源，根据村庄发展总体规划，制定了土地流转政策。全村90%以上村民自行选择自留地收归村集体统一流转，然后按照一产、二产、三产和村民住宅划分区块，对2017年并入的9个村进行重新规划布局，将渼陂下、乐业、桥头、西瑶4个小区分别规划为工业、养老休闲、农业、水利区块；青龙、南城、西山坞3个小区分别规划为商业、旅游区块；环龙、柳塘规划为第三产业区块，以发展红木产业为主。

特别是并村之后发展的红木家具产业，给花园村民搭建了创业致富的大平台，很多花园人投身于红木家具产业链条。

投资大、风险大的红木家具市场建设由花园集团负责，有了市场作依托，花园人可以在家门口开办红木家具加工厂，为红木家具市场配套。村集团可以通过出租集体土地、投资兴办相关服务企业获取收益。

通过此举动，至少实现了花园集团、花园村集体、花园村民及来自全国各地的商家等利益主体的多赢。

市场规模增大，来花园经商、就业人数的增加，又催生了"房租经济"，花园人的房产实现了出租变现。

四、结对帮扶弱村

近年来，富裕起来的花园村，还结对帮扶了多个村庄，在当地传为佳话。

多年前，邵钦祥与武义县江坑村等近10个村结成扶贫对子，不断赞助资金和项目，帮助他们脱贫致富。2005年1月22日，邵钦祥将70台彩色电视机送给江坑村的村民们，使该村家家户户拥有了电视机。10多年来，邵钦祥始终不忘江坑村的发展，除了每年高价收购江坑村的农副产品外，还不断地给予经济补助，使该村摆脱了贫困，过上了幸福的生活。此外，在2003年花园村召开的中国农村全面小康建设研讨会上，邵钦祥又一次性出资60万元，帮助浙江省十个欠发达村庄脱贫致富。

2016年11月23日，邵钦祥第一次去了金华市金东区澧浦镇宋宅村，走访宋宅村后表示，花园村愿意与宋宅村建立结对帮扶，在古婺龙窑恢复、清塘水库引水、宋氏祠堂修建等项目上给予一定的启动资金，并在苗木销售上给予最大限度的帮助。

当年12月16日，邵钦祥代表花园村向宋宅村捐赠资金200万元，标志着双方正式建立结对帮扶关系，致力实现"先富带后富，同走共富路"的目标。邵钦祥希望宋宅村党员干部要解放思想，带头坚持"奉献、公正、公平、公开"的办事原则，并从长远出发对全村进行规划。同时，要通过产业项目壮大集体经济，带领广大村民走上致富之路。

宋宅村把200万元落实到四个具体项目：古婺龙窑开发50万元，清塘水库引水50万元，宋氏祠堂修建50万元，综合大楼建设50万元。

2017年11月20日，邵钦祥再次来到宋宅村。村中道路干净整洁，粉墙黛瓦掩映如画，文化长廊古色古香。新恢复的古婺龙窑静卧山腰，已联通的水系激活七口池塘，新修缮的宋氏祠堂成为文化礼堂，规划中的综合大楼朴素端庄……

宋宅村村支书王文安告诉邵钦祥，修缮后的宋氏祠堂已被打造成了村里的文化礼堂，就在头一天晚上首次启用，小品、道情、吉他、歌舞等种类繁多的节目接连上演，让村民们领略了一场文化盛宴。

村民们表示，现在的宋宅村比以前更美丽了、更干净了、更热闹了，大家打心底都喜欢上了，也越来越为现在的宋宅村感到骄傲和自豪了。在村干部的带领下，宋宅村村民一方面结合治危拆违，推进空心村改造；另一方面，结合美丽乡村建设，推进绿化美化彩化，大家纷纷参与其中、感受其中、乐在其中，让宋宅成为了金东区美丽乡村建设"十佳村"。

临近晚餐，设在文化礼堂内的居家养老服务中心，村里的20多名75周岁以上的老人们，在工作人员的照料下，享受着荤素搭配的丰盛晚餐。老人们边吃边聊，脸上写满笑容，表达了对美好生活的感激。

邵钦祥当场表示，再拿出100万元支持宋宅村完善民生工程并形成"造血"功能。

2019年8月23日，"清凉南马，魅力瑶仪"首届南马镇乡村夏令休闲节开幕式上，邵钦祥代表花园村向东阳市南马镇联合村瑶仪自然村捐赠50万元以助力美丽乡村建设，标志着双方"乡村振兴，结对共建"迈开了实质性一步。其间，两村相关负责人签订了《结对帮扶友好村协议书》。

据介绍，双方以"坚持发展瑶仪经济，努力改善瑶仪民生"为原则，因地制宜开展结对帮扶，以进一步促进瑶仪村乡村振兴。根据协议，花园村将帮助制定和完善瑶仪村新农村建设规划，理清经济和社会发展思路；花园村将在党建、经济、技术、资金、旅游、人才、文化等方面予以指导和支持，以促进瑶仪村经济繁荣与社会进步；花园村还将充分发挥自身优势，通过人才支援、技术支撑、信息支持等方式，以项目引进、产业开发、市场开拓等途径，帮助瑶仪村积极开发旅游项目，以形成"自我造血、自我发展"的能力。而瑶仪村则将以与花园村结对共建为契机，致力从班子素质水平、工作作风、办事能力等方面加强建设，以花园村为榜样，学习好的经验和做法，拓宽思路，创新方式，努力实现村庄发展以及农民增收的目标。

2019年12月13日晚,以"嘉人传佳音,花园蕴乡情"为主题的2019东阳花园村·嘉善缪家村文化走亲文艺演出暨乡贤参事共同体成立仪式在花园剧院举行,以进一步加深双方友谊,发展互助合作关系,共同推动乡村振兴战略在两村深化实践。

当晚,花园村和缪家村相关负责人共同签订了乡贤参事共同体"八约"协定,两村将从乡情互牵促友谊长存、项目互引促产业兴旺、花园互建促生态美化、文明互比促乡风优化、机制互育促乡村善治、温暖互送促百姓安乐、游线互荐促文旅融合、人才互育促永续发展等八方面内容开展精准合作交流,以丰富实在而灵活多样的合作形式,实现两村在经济建设、社会治理、生态保护、产业发展等方面全面进步。

根据协议约定,花园村和缪家村具体落实的事项被一一罗列:每季度至少开展一次以上往来互动,交流情感、互通心得、共谋发展;每年至少相互引进一个以上产业项目,或共同投资相关产业,村级集体经济领域开展相关项目合作;两地各建一个乡贤生态公园,由两地乡贤以不同方式参与建设、管理和后期运作;每半年开展一次基于"九星文明户"评创机制的互比互学互评,交流先进做法,展示文明风采;探索及共同培育一套乡贤参与乡村治理的有效机制,通过一定阶段后形成经验样本;运用乡贤基金每年至少到对方村开展一次送温暖活动,精准扶弱帮困、倡导慈善风尚;每年至少带动一次旅游行业协会赴对方村开展文旅推介或实地考察,推动地方文旅发展;每年至少互派一组农村实用人才到对方村实训学习,或开展两地年轻乡贤短期挂职,推动后续人才培养。

这是对花园村和缪家村缔结友好村协议的进一步细化。2018年5月,花园村党委书记邵钦祥与缪家村党委书记丁法强在缔结友好村协议书上签字,标志着双方正式成为"亲戚"村。

除了并村发展外,类似这样的帮扶,是花园村用行动践行"先富帮后富"。

第十二章
充分发挥党建引领作用

基层治理是国家治理体系的重要组成部分，也是薄弱环节。党的十九届四中全会明确构建基层社会治理新格局，完善群众参与基层社会治理的制度化渠道，健全党组织领导的自治、法治、德治相结合的城乡基层治理体系，健全社区管理和服务机制。

乡村治理有效的花园村，得益于四个方面，其中居首位的就是坚持"党建+乡村治理"，优化基层党支部设置，创新党组织活动方式，全力开展党员队伍建设，发挥基层党组织战斗堡垒作用。

邵钦祥是花园村一位土生土长的农民，1982年1月，思想先进的他经过三次申请入党终于如愿，从那一刻起，他就认为入了党就得无私奉献，当好表率、做好榜样、立好标杆。

他决心一肩挑着才刚刚创立不久的企业，一肩挑着村名花园不长花的穷村，尝试着走"以工富农、以工强村、以工兴村"的发展之路，让更多的人过上幸福的生活。

全村200多个劳动力，终日在240多亩土地上辛勤劳作，还是难以维持温饱，村里开会耗去的几角钱灯油费集体也无力负担。党支部创业无方，治贫无术，在群众面前失去了感召力。村民人心涣散，越来越穷。

1982年冬，村党支部改选时，党员们把一位未到而立之年的党员推选为党支部副书记，他，就是现在的党委书记邵钦祥。

邵钦祥上任后，面对荆棘丛生的"花园"，深知自己肩上担子的分量。在新的党支部成立的首次支部会上，他慷慨激昂地说："让群众继续陪伴着贫困度日，这绝不是共产党员的光荣。要改变花园村缺钱缺粮的穷面貌，首先要改变共产党员不思创业、贫不知耻的思想状态，发扬无私奉献、为民办实事的优良传统。"接着，又组织党员重温党员标准、党章规定、自己入党时的誓言，对照现在的实践。党员们禁不住心里火辣，脸上发热，纷纷表示要振奋精神，甘为驱除"穷雾"献出一切，定叫花园村名副其实，人富花香！

1986年，邵钦祥开始担任村支部书记。曾担任过记工员、生产队长的邵钦祥深知，村庄要发展，党组织引领、党员带头非常关键。邵钦祥更是一心为公、一心为民、不忘初心、坚定信念，斩断一片片荆棘，跨越一条条险壑，实现一次次转型，成就一个个梦想。

邵钦祥组织召开村党委会议

一直以来，花园村村级组织换届选举，从不拉票，也不贿选，干部都能全票或高票当选。

花园村党委始终以"强党建、抓工业、兴产业、惠民生、善治理"为重点，注重做到五个"不动摇"，使花园村实现了从"两创"到"两富"再到"两美"的华丽转型，成为产业兴旺、生态宜居、乡风文明、治理有效、生活富裕的乡村振兴战略样板村和美丽乡村建设示范村。

一、村书记无私奉献

无私奉献，即舍小家为大家，舍己为人，长期以来是党员干部的一种基本素养。

奉献是中华民族的传统美德，更是共产党人重要的精神特质，奉献精神是一种纯洁高尚的精神境界。

要做好村支部书记，首先得有奉献精神。

1996年9月24日出版的《东阳报》刊发了邵钦祥一篇名为《奉献精神是当好农村党支部书记的魅力》的署名文章。文中邵钦祥联系自己多年农村党支部书记的实践，就如何当好农村党支部书记，谈了三点体会。他认为，奉献精神是当好党支部书记的关键。他写道：

中国共产党是为人民服务的政党。当农村党支部书记本身就意味着奉献和牺牲，也是一个党支部书记必须具备的政治素质。从农村的实践看，这主要表现在以下三个方面：

一是奋斗的理想。具体地说，这就是把对共产主义理想的追求，具体化为改变家乡贫穷落后的行动上。正像一个人的成长要有人生目标一样，一个党支部书记要带领一个村奔小康，也得有追求的目标。就拿我们花园村来说，过去是"村名花园不长花，草棚泥房穷人家"。在很长一个时期里，村党支部也提不出一个能凝聚全村群众力量的目标。而在近10年中，我们根据各个时期的不同情况，适时地不间断地提出本村的奋斗目标。这起码有两个好处：一是对党支部书记及班子一班人是一个目标、一种压力和动力；二是对全村群众来说，是一个希望，是巨大的凝聚力量。因而，本村这些年在不断的追求中，多次获得了省村镇建设文明村、省小康示范村、省科技星火示范村、省文明单位、省经济实力百强村、全国模范村等荣誉称号。现在，我们又有了更高的追求——制定了"九五"规划，实施"116622"工程，即到本世纪末实现工农业总产值10亿元，利税1亿元，依靠科技进步因素增长的产值占总产值的60%，外贸出口额占总产值的60%，员工人均年收入达到2万元，科技人员占员工总数的20%，并要把集团公司推向国际市场。我们相信，这一定会更加激励花园人民的建设热情。

二是高尚的情操。农村党支部书记要具有一定的政治修养、道德品质及人格力量。农村党支部书记不是官，没有多大的权。要带领一班人及人民群众，靠权力是不行的，唯有靠坚定不移地贯彻执行党的路线、方针、政策，靠自己的模范行动去影响别人，才能让人心服口服。从花园村的发展，我切身地感受到这一点。特别是在创业过程中，事业总不是一帆风顺的，党支部书记就得有顽强的毅力和吃苦耐劳的精神。比如，我们办服装厂初期，由于用人不当，事业遭受挫折，产品积压，债台高筑，亲友埋怨，12个股东一下子走了9个。这时，如果顶不住，就不会有以后的发展，也不会有花园村的今天，许多人在回顾本村发展时说，跟着党支部书记走心里踏实，劲头更足。

三是广阔的胸怀。农村工作难，难就难在利益交错、关系复杂上。党支部书记如果没有肚量，工作的局面就难以展开。从我村实际情况看，党支部书记首先容得下人，容得下事，还要容得下反对意见，更不能对提过反对意见的人打击报复。其次是要听得进批评意见或建议。一个人的智慧总是有限的，多听听别人的意见，总会有好处。再一个是要起用反对过自己的人，让他们大胆地工作。我觉得要做到这些是不容易的，但从实践上看，效果却是很好的。这不仅有利于提高党支部书记的威信，而且更有利于开展工作，打开局面，形成合力，避免内部因矛盾纠纷而分散力量，影响事业发展。

文章是这么写的，他也一直是这么做的。创办企业前，他为村集体事业无私奉献。创办企业后，他每年拿出一部分利润用于村庄建设。正是在他锲而不舍的坚持下，花园村硬件不断改善，产业蓬勃发展，花园村成了乡村振兴的典范。

二、带动了一个好班子

除了身体力行，无私奉献，他特别注重加强村党组织建设，组建了一个好班子。

邵钦祥经常教育引导广大党员干部和村民要坚持树立五种意识：一是"勤劳致富、劳动光荣"；二是"振兴花园是我的责任、繁荣花园是我的光荣"；三是"身在花园爱花园、我为花园作贡献"；四是"创业在花园、致富在花园、消费在花园"；五是"有付出才有收获、有作为才有地位"。

当然，带领一个好班子，领导方法也特别重要。在上述文章中，他这样表示，领导方法，对农村支部书记来说，是十分重要的。因为，农村干部都姓"农"，人人都有责任田或其他副业，如果没有领导艺术，就难以带领一班人"齐步走"；农村干部土生土长，人人都有三亲六戚，如果没有领导方法，就难以发挥一班人的作用，弹好"协奏曲"；农村干部未受过系统教育，传统习惯根深蒂固，如果没有领导方法，就难以团结好一班人唱好"将相和"。因而,农村党支部书记必须具备一定的领导方法。具体来说,就是要有三种能力,即协调能力、决断能力和自律能力。

老南山村旧村改造,不但拆了花园村原村委会主任郭鸣鹿家的老房,还拆了他赚钱的木线棚,一年损失几十万元,新宅基地又是公开投标,村口最好的地他又没拍上。在家,他自然少不了被抱怨。他说:"的确,以前有的农村,村干部要哪块地,农民不会多说话,可现在人家老邵把家产都拿出来给全村人用,我们哪个干部还好意思占群众的便宜?吃亏也应该。"

时任花园村党委副书记方升潭,在花园村方店小区实施旧村改造时,将自家的院子拆成了两半,积极支持村里的新农村建设。他一边掌管着自己的企业,一边村里有事随叫随到。2017年新并入9个村的党员干部也很快融合了进来,无论在治危拆违中还是在旧村改造中抑或在五水共治中,党员干部都走在了前列。新并入的乐业村实施整村搬迁,安排宅基时,村务负责人陈高平不是抢占好宅基,而是"一让再让,让村民先选"。

在担任花园村委会主任时,郭鸣鹿向邵钦祥看齐,秉公办事,积极为民谋利。

郭进武,花园村党委专职副书记。郭进武是原南山村村民,曾经经营木线生意。在他印象中,当时的南山村分东西两块,两边各自为政,财务都独立。

2004年,南山村并入新花园村,刚好木线市场开始向红木家具过渡,郭进武经营的木线生意面临转型。

郭进武亲历过南山村混乱局面,并入花园村后,在分配住房时,邵钦祥打乱原有顺序,两边矛盾自然化解。

并村后,村两委成员年龄普遍比较大,而村庄建设迫切需要人才。邵钦祥找到70年代出生的郭进武,问他能否专职担任村干部,郭进武二话没说答应了。

受邵钦祥影响,目前村两委20多个干部中,除了专职外,其他都不拿工资。这些不拿工资的村干部大多都有自己的生意,是村里的能人。不拿工资,但对村里大小事务非常上心,村里通知开会,只要在金华都会及时赶回来参加,有事都会及时处理。

马永胜是原马府村支部书记,现花园村党委委员、第五支部书记。在他印象中,马府和花园就隔条路,因此马府村看着花园村一天天发展起来。到2004年时差距已经很大,当时马府村没有企业,只有田,祠堂承包给人家。村内没有规划,村里是山坡地,高低不平,前后两幢房子落差很大。

2004年，花园村人均收入已突破3.6万元。而就在这一年，东阳市提出让花园村合并周边9个村，组建新的花园村，但这一决定，当时遭到不少村民的反对。

花园村村民的顾虑在于花园村刚刚完成旧村改造，而新并来的村不少连路灯都没有。如果按照统一标准进行改造，花园村至少要再拿出十多个亿。马府村村民觉得地没有了，没饭吃了；另外疑虑合并后是不是能跟花园村一模一样，能否把村庄建设好，待遇是否一样等。

为了统一思想，一年内，村里组织大大小小的会议开了260多场，马永胜等村干部给老百姓反复做工作，思想渐渐统一。

如今，原马府村民不少在村里经商。马永胜也从2005年开始经营了一家药店，早上7点到晚上10点，一年收入20多万元。家里每年还可收房租七八万元。他坦言作为村民他很知足，作为村干部，他很钦佩邵钦祥书记。

比如，有些难以调解的事，做了很多工作，当事方就是不签字。但如果邵钦祥书记出面，很快就能解决。

比如2008年底，村里有一家企业老板跑掉了，员工拿不到工资，邵书记出面，工资全部先垫付。

时至今日，很多村民有事还是习惯于找邵书记，找他拿个主意。

马永胜表示，受邵钦祥书记影响，村干部都很自觉，一方面严格要求自己，另一方面讲奉献。在邵钦祥的带动下，很多村干部都贴钱解决小区之事。

在邵钦祥的带领下，近40年来，花园村不仅创造了新农村建设的巨大物质财富，还打造了一批高素质的党员干部队伍。

花园村特别注重党组织建设。1996年，花园村建立村级党校，坚持半月一次的党员学习制度和一月一次的党员会议，努力推进学习型党组织建设；坚持开展"两学一做"等创先争优活动，在村庄建设、产业发展、公益事业等方面，充分发挥了党组织的战斗堡垒作用和党员的先锋模范作用；坚持推行"公正、公平、公开"的办事原则并提倡无私奉献精神，培养一批想干事、会做事、能共事、不出事的高素质党员干部队伍，做到了权为民所用，情为民所系，利为民所谋。

通过严格执行"三会一课"制度，推进"6+1"标准化建设，深化五星积分制度，建设党群服务中心，规范党建宣传栏，设立党员志愿服站，建立党员联系群众制度，建立党建目标责任制，实行星级支部评定等举措，实现了党建提档升级。

党员干部如何接力？花园村由"能人治村"向"群贤治村"转型。在花园村，要求每个党员要联系3户以上农户，适时帮助解决村民平时的困难。而且党员干部不管参加会议、活动，还是为村民办事，从不计报酬，不发"误工"补贴。村里还有一条不成文的规定：要求村民做到的事，党员首先要带头做到；党员和村干部违反纪律和村规民约，要加倍处理和处罚；党员干部与普通村民吵架，首先受到处理的是党员干部。

推行"党建+"工作模式。"村看村、户看户，群众看党员、党员看干部"，花园村党委始终坚持党员干部带头，坚决实行"奉献、公正、公平、公开"的办事原则，明确如果党员干部和普通村民发生矛盾，首先处理党员干部，不断增强干部群众的凝聚力和向心力。党员干部从不计报酬、从不发工资，选举从不拉票，这也使花园村两委干部能够和群众处得像一家人似的。

两次并村后，花园村党委把原先花园村和18个新并入村的党员重新整合到下设的支部，实行"以老带新、强弱联带"，有效杜绝了党组织内部的徇私舞弊和拉帮结派现象，真正实现思想融合、班子融合、管理融合、资产融合、制度融合、目标融合。

同时，花园村坚持"一个党员就是一面旗帜"的工作理念，以专门成立的花园党校为阵地，每半个月开展一次党员学习，每个月开一次党员会议，还邀请专家、教授到花园村授课，实现了党建提档升级。

2016年7月1日，在北京人民大会堂大礼堂举行的庆祝中国共产党成立95周年大会上，党中央隆重表彰了300个全国先进基层党组织，东阳市南马镇花园村党委榜上有名，成为当年金华市唯一获此殊荣的党组织。

2019年10月1日，东阳市南马镇花园村党委书记、花园集团董事长兼总裁邵钦祥受中组部邀请，作为全国先进基层党组织代表参加在北京隆重举行的庆祝中华人民共和国成立70周年大会等活动。

三、发挥党员先锋模范作用

在基层，党员要发挥先锋模范作用，除了要无私奉献，还得有经济头脑,能带领群众脱贫致富。

邵钦祥显然是这样的典型,在村里,他第一个办起了工厂,挣到了钱,证明了在资源贫瘠的花园村,办企业是一条不错的出路。这种示范效应实实在在,村民看得见,因此,越来越多的村民加入了办厂的行列。

解决贫困问题后,是村庄建设,邵钦祥力所能及,出资修了电灌、建了影剧院……

邵钦祥曾表示:"经济头脑是当好党支部书记的动力。要有经济头脑,一是要学经济、懂经济、抓经济。人的本领是靠学习的。对农民出身的党支部书记来说,搞经济工作更要学习。书本知识要学,实践知识更要学。这些年,我的体会是干中学,学着干。我们从一个小厂办成现在的集团公司,其实就是一个不断学习的过程。开始时,我也是什么都不懂。在实践中,翻了跟斗,吃了苦头,就会逼着我们学习,使我们变得聪明起来。不断学习,反复实践,就会懂得经济工作的规律,才能把经济工作抓到点子上。现在回过头去看看我们自己走过的路,我感到领导现有规模的企业集团,唯一的本钱是自己在实践中能勤奋学习,随着事业的不断发展,必将还会有一个不断学习甚至重新学习的过程。二是要有机遇意识,抓住机遇不放。在市场经济条件下,机遇比什么都重要。俗话说:机不可失,时不再来。抓住机遇,就会事半功倍。三是要处理好先富和共同富裕的关系。党中央号召一部分人、一部分地区,通过合法途径,勤劳致富。农村党支部书记致富不是目的,目的在于达到共同富裕,这就必须发展壮大集体经济。因为,个人富不一定能带动大家富,而集体富则完全可以带动个人富;只有集体富,才有凝聚力和向心力。"

邵钦祥认为,村的前途命运同家庭的前途命运也是紧密相连,一荣俱荣,一损俱损。花园村不允许拉帮结派、不允许搞小团体、不允许搞宗族势力,不允许任何人制造矛盾、破坏团结。花园村党员干部要带头讲党性、讲奉献,要把花园人的思想统一到党委的决策部署上来,把花园人的智慧和力量凝聚到实现花园总体目标任务上来,统一思想,一心一意干事创业,共同维护好花园村的形象。

"建设新农村,要辛苦一代人、要牺牲一代人的个人利益。"这是邵钦祥在多个场合反复说的一句话,他认为,新农村建设是一项长期、系统的工程,幸福不会从天降,需要辛苦一代人,需要牺牲一代人的个人利益,特别是党员干部要不怕牺牲个人利益。

他表示,幸福的生活,要靠勤劳的双手,花园人都要树立主动就业、勤劳致富、劳动光荣的价值观和人生观，花园人都要十分珍惜来之不易的生产生活环境。经过花园人的齐心协力，应该说现在的花园村家家住新房，没有贫困户，没有暴发户，家家有事业，户户在创业，人人在致富。

四、重视企业党建

不仅仅是村党组织建设，在花园村，同样非常重视企业党建。花园集团旗下的花园生物，就是一个缩影。

2018年，花园生物公司参照国企党建要求，完善"双向进入、交叉任职"领导体制：党支部书记由董事长邵君芳挂帅；2名副总经理党员分别担任党支部副书记和宣传委员，双向进入，交叉任职，完善企业党建体系结构，强化党组织的把关作用。

与此同时，为了更好地发挥党支部的先锋模范作用，形成党建促发展的良好氛围，花园生物公司根据发展现状，将党支部分为四个党小组，以小组为单元开展学习活动。而各党小组根据党员特点，分别联系部门、车间，将党支部的学习管理落实到公司的各个角落。花园生物公司还持续不断开展一人一周带头学习会，围绕习近平总书记重要讲话精神、党的十九大会议精神、"两学一做"学习教育、党员应知应会等开展集体学习活动，积极开展学习型党组织建设。

此外，文体运动会、端午包粽子、中秋做月饼、元旦包水饺……各种趣味活动也在党支部的精心组织下不断开展。"活动不仅搭建起党员与员工之间的交流平台，而且可以在活动中发现具有突出表现以及专业特长的人才，为培养后备人才提供保障。"花园生物公司董事长邵君芳在加强党建工作落实时强调。

同时，成立党员工作室，提升企业生产实力。花园生物公司由企业党组织牵头，以党员为骨干，集合专业技术人员和一线优秀员工成立党员创客工作室，下设4个小组，分别成立了产量挑战小组、技术攻关小组、质量保障小组、应急保障小组。

花园生物公司党员创客工作室各小组对企业的生产经营、技术提升、质量保障以及服务管理都有很大的帮助：产量挑战小组通过责任落实到人、设备升级改造、严抓生产过程管理、生产资料统筹安排等方法，将公司一项主要产品产量比2017年同期提高30%；技术攻关小组确立了9个课题，各课题均取得了长足进展，成果的应用将为企业带来显著经济效益；质量保障小组在原料采购、生产监督检查、技术与管理培训等方面狠下功夫，实现了2018年产品出厂合格率达到100%的优异成绩；应急保障小组通过24小时值班制度加强内部日常检查，每月开展一次安全、卫生、消防的综合"6S"大检查，强化外来施工队伍和外来车辆检查等工作，确保生产的安全稳定运行。

此后，花园生物公司党员创客工作室各小组进一步加强向基层一线员工队伍的渗透，将更多的普通员工纳入到小组的考察范围，以"小组"单元为突破口，提振企业"精气神"，营造全体员工积极、向上、好学的企业文化氛围。

工作上有党员创客工作室来指引企业发展，在生活上也不能缺少党员的身影。花园生物公司党支部根据各个员工的兴趣爱好，组织成立了多个不同的运动社团：排球社团、羽毛球社团、篮球社团、跑步队等，吸引大批员工踊跃报名加入，这也已经成为众多员工工作之余日常生活中不可或缺的项目。

五、如何当好村书记[①]

我觉得，要当好村书记必须做到以下几点：

（1）农村书记必须抓经济，要有带头致富的能力。农村工作实打实，没有投机取巧的事。而千难万难，关键是难在经济落后上，村穷民穷，样样是难题，村富民富，事情就容易得多。所以，村书记必须正确处理自己富和群众富的关系，在自己富裕、带头富裕的同时，要想着百姓的富裕，实现"点燃一盏灯，照亮一个村"。当村书记，最大的追求是富裕一方，最大的价值是造福一方百姓，让群众生活得更富裕、更幸福。因此，农村书记必须要有经济头脑，自己要先带头致富，再带动村民致富，要始终把发展经济作为头等大事来抓。把群众的思想和精力引导到发展经济上来，引导到新农村建设上来，引导到干事、创业的氛围上来。正是花园新农村建设的加快，全村形成了全民创业、全民创新的良好氛围，广大村民全部投身于村里的工商业副业。

[①] 本节为2019年5月21日邵钦祥在金华开发区村党组织书记花园考察会上的讲话，有删减。

（2）农村书记必须做到"奉献、公正、公开、公平"八个字。当农村书记本身就意味着奉献。农村支部书记不是官，没有多大的权，要带领全村人民，要贯彻执行党的路线、方针、政策，全力建设新农村，没有一种奉献精神是不行的，奉献的基础就是要扎根于村里、服务于村民，要有更多的时间和精力投身于村里。花园村干部几十年来从不计报酬、不发工资，党员干部不管是参加会议，还是参加活动，包括为村民办事，都从不计报酬，不发"误工"补贴，不抽村民一根烟，不收村民一份礼。这就要求支部书记有较强的毅力、吃苦耐劳和无私奉献的精神，做到公正、公平、公开，做到听得见批评意见或建议，做到依靠广大村民、调动村民建设新农村的积极性，还要靠民主，不论办什么事，尤其是关系到村民切身利益的事，一定要公正、公平、公开。2004年并村那年，9个村的事务多、需要研究的事项多，一年时间开了265个会议（基本上利用晚上以及周末的时间），充分发扬了民主。所以，花园并村以来这么大规模的拆迁和旧村改造，没有一个村民找政府，没有一个村民上访。公正公平才能让村民心服口服，所以，村书记在村里做工作时，有钱、有权、有势力的不能怕，不可能享有特权和特殊的利益；没有钱、没有权、没有势力的穷人不能欺，要关心和支持他。村书记只有怀着公正之心，决不能因照顾亲情而丧失了原则，因关照友情而失去了公正。

（3）农村支部书记要切实为群众办好事、办实事，把村民的困难当成自己的困难，把村民的矛盾当成自己的矛盾。一直以来，花园村矛盾纠纷不出村、不上交。有事找村干部、有矛盾找村干部已成为花园村民的自觉行动。我认为，村民的事，要由村干部解决，困难、矛盾和纠纷不能向政府推，村干部要担负起为村民服务、解决困难和矛盾的责任；要有解决困难和矛盾的能力；要把村民的困难当成自己的困难，村民的矛盾当成自己的矛盾。并村以来，花园村不是没有矛盾纠纷，我们花园村有一条规定：小事当天解决、大事三天内解决，要求群众要做到的事，党员干部首先要带头做到，党员干部违反纪律、违反村规民约，要加倍处罚。把所有的矛盾纠纷都在村里得到了解决，只有这样，才能让村民放下包袱，身心快乐，村民才能全身心投入干事创业。

（4）建设新农村，要辛苦一代人、要牺牲一代人的个人利益。新农村建设是一项长期、系统的工程，幸福不会从天降，需要辛苦一代人，需要牺牲一代人的个人利益，特别是党员干部要不怕牺牲个人利益。我们这一代人很辛苦，现在的辛苦是为了下一代的幸福。我们的公正公平，必然会让部分党员干部以及村民吃亏,但是我们让大多数村民得到了实惠、得到了利益,这样做也是值得的。所以,我们经常教育引导广大党员干部和村民要坚持树立五种意识,这五种意识一是"勤劳致富、劳动光荣";二是"振兴花园是我的责任、繁荣花园是我的光荣";三是"身在花园爱花园、我为花园作贡献";四是"创业在花园、致富在花园、消费在花园";五是要"有付出才有收获、有作为才有地位"。

(5)农村书记要有胸怀和气度。团结才有战斗力,团结才能发展。作为党员干部要具有宽阔的胸怀,能团结村里的同志,包括团结那些与自己看法不同、反对过自己的人。做到求大同存小异,大事讲原则,小事讲风格,对事不对人,要讲究工作方法。

同志们!今天利用这个培训班的机会,和大家交流一下思想,不一定都对,但都是我的心里话。总之,农村要发展,农民要富裕,一靠党的政策和各级党委、政府的关心与支持;二靠书记带领村民致富及做好和谐工作。在座的都是农村的精英,肩负着发展农村经济、带领农民富裕的使命,既然当了,就要为农村发展做点事、让百姓更富裕,不辜负党和组织的信任,不辜负全村老百姓的期盼,同时,也体现了自身的价值。

第十三章
乡村振兴的全面实现

党的十九大作出重大决策部署,实施乡村振兴战略,并将其作为新时代"三农"工作的总抓手。

实施乡村振兴战略,要坚持农业农村优先发展,按照产业兴旺、生态宜居、乡风文明、治理有效、生活富裕的总要求,建立健全城乡融合发展体制机制和政策体系,加快推进农业农村现代化,让农业成为有奔头的产业,让农民成为有吸引力的职业,让农村成为安居乐业的美丽家园。

自此,乡村振兴大幕开启,画卷徐徐展开。

看看今天的花园村,完全符合乡村振兴二十字方针,甚至堪称典范,花园村将乡村振兴这幅巨卷描绘得丰富多彩、美丽和谐。

一、产业兴旺

乡村振兴,产业兴旺是重点。

农业资源贫瘠的花园村,在20世纪90年代企业合并、村企合一时就明确"以工富农"战略。按照这一战略,花园人在邵钦祥带动下,不断拼搏,村内产业蓬勃发展。

十年前,走进花园村,不少人都会发出这样的感叹:村里的工厂真多。确实,在花园村,产业兴旺是最大的特色之一。

花园集团从服装开始,经过多年发展,延伸到建筑、生物科技、医药、铜业、红木家具和旅游业等。

比如,浙江花园生物高科股份有限公司2014年10月在深交所上市。

公司及其全资子公司杭州下沙生物科技有限公司、杭州洛神科技有限公司是目前全球知名的维生素 D3、胆固醇及羊毛脂系列产品制造商。公司胆固醇年产能 200 吨，并拥有 1 万吨 / 年粗羊毛脂处理能力。生产工艺和设备先进，拥有自主知识产权。

2019 年，花园生物净利润 3.44 亿元，而 2014 年这一数字为 3700 多万元。4 月 30 日收盘时，花园生物市值 65 亿元。

除花园生物之外，花园医药、花园铜业等发展势头都不错。

更值得一提的是以红木家具市场为代表的商贸服务业，给花园村带来了巨大的客流量。

红木产业是花园村的特色产业。因多年市场培育，这里的红木产业发展已经形成规模。

相关资料显示，经过十多年创新发展，花园村已形成原木市场、板材市场、雕刻·油漆中心、产业核心区块、红木长廊以及红木家具城等红木家具全产业链和产业群，涵盖原木、板材、锯板、烘房、雕刻、油漆以及红木家具设计、生产、销售的所有产业环节。

2018 年 9 月，花园红木家居小镇入选浙江省第四批省级特色小镇创建名单，这是花园红木向更高质量发展的一个新起点。

花园红木家居小镇规划面积约 3 平方公里，以"红木文化传承地，红木家具聚集区"为战略定位，聚焦"时尚"和"文化"产业，构建文化创意、研发孵化、智能制造、展示贸易、会展服务、品牌营销、物流服务于一体的红木家具全产业生态链，打造创业创新创富乡村振兴先行区、改革引领产业转型升级样板区、中国红木产业文化要素集聚区、红木产业全产业链发展示范区。

2019 年 11 月 12 日，花园家居用品市场和花园雷迪森大世界酒店同时开业，红木家具小镇又添新景。

与此同时，花园红木产业国际物流中心项目一期也在如火如荼建设中。据了解，该项目是省重大产业项目，总投资约 12 亿元，项目总用地 346 亩，规划建筑面积 242490 平方米。项目建成后，将形成年红木仓储配送 100 万立方米、木材初加工 50 万立方米、红木家具仓储配送 200 亿元的物流规模。

如今，3.5 公里的花园红木长廊已全部建成展示，使"花园红木"这张金名片更加亮眼。

不仅如此，花园红木家具城进一步优化，一年一度的红木家具展销会已得到社会各界一致好评,形成了"买红木到花园"的共识,并吸引着越来越多客商前来采购。

通过打造红木全产业链,花园村不仅收获了客流、增加了村集体收入,更主要的是打造了一个全民创业的平台,带动群众致富。

"建设花园红木家居小镇,就是要全面践行乡村振兴战略,通过产业带动增强村集体'造血'功能,带动百姓增收致富。"邵钦祥说。

二、生态宜居

2018年1月发布的中央一号文件指出,乡村振兴,生态宜居是关键。良好生态环境是农村最大优势和宝贵财富。必须尊重自然、顺应自然、保护自然,推动乡村自然资本加快增值,实现百姓富、生态美的统一。

产业兴旺,工厂林立,但你走进花园村,却又似走进了一个真正的花园。

浙江,中国经济最活跃的省份之一。发达的民营企业、乡镇企业,是推动浙江经济发展的强大动力。

改革开放后,急于丢掉"穷帽子"的浙江,把目光转向了工业。一时间,"村村点火、户户冒烟",工业化、市场化、城镇化迅猛发展,经济水平跃居全国前列。电镀、造纸、印染、制革、化工、铅蓄电池,都是浙江乡镇的龙头产业,也是重污染高耗能产业。

这些产业多年突进,经济发展了,群众收入增加了,但付出的代价巨大:乡村的水脏了,山秃了,垃圾成堆,农村环境问题严峻,群众健康受到威胁。

2003年6月5日,世界环境日当天,浙江启动"千万工程"。以农村生产、生活、生态三大环境改善为重点,选择1万个左右建制村进行全面整治,把其中1000个左右中心村建成全面小康示范村。

花园村在20世纪90年代就及时调整产业结构,淘汰了高污染高能耗项目。

1988年开始的旧村改造,花园村就特别注重规划和绿化建设。"千万工程"实施后的第二年,花园村和其他9个村合并,合并之后的花园村在规划建设时将生态宜居摆在首位。

2003年以来,浙江省一张蓝图绘到底,一任接着一任干,绘就了一幅美丽生态、美丽经济、美好生活有机融合的乡村新画卷。

花园村更是如此，如今，站在花园大厦楼顶俯瞰花园村，吉祥湖、绿树和整齐的楼房构成一幅美丽画卷。

走在村道上，道路干净整洁，绿树成荫。走进农户的院子，各式花草点缀。

一直以来，花园村在加快发展经济的同时，努力打造先进花园文化，不断追求人与自然、社会的和谐发展。

在花园村，护好绿水青山是指引产业发展的一条红线。在产业选择上，花园村首先瞄准高科技、低污染的环保产业。

2018年4月，参加在东阳召开的"浙江省打赢蓝天保卫战工作现场会"的全省各地环保系统的180余名工作人员，观摩了花园生物公司并对企业在挥发性有机物深度治理上的相关做法表示赞赏。

此外，花园村发展红木产业集聚了2000多家红木家具相关企业，为了减少空气和水质污染，村里专门建设了花园雕刻·油漆中心，通过集中管理以统一处理废水废气，每年都会组织区域内及周边红木企业召开环保宣讲会，提升企业环保意识，在规范发展的同时，大大减少可能对环境造成的污染。

为将村庄建设得更加生态宜居，10多年前，花园村就发力景区建设。2012年12月，花园村成为浙江省首家以村为单位创建的国家AAAA级景区。

至此，花园村就是景，景就是村，生活在花园村的百姓，就是生活在景区。

如果初夏在花园，晚餐后，循着音乐声可找到一个叫吉祥湖的地方，在灯光衬映下，湖面波光粼粼，有沿湖散步的，有驻足欣赏喷泉的，也有坐在湖中心茶亭静静赏景的，好一派怡人景象。

吉祥湖原为方店水库，归属于原方店村，2004年，方店自然村与南山自然村被并入花园村以后，小花园变成了大花园，于是就对这个水库进行了拓宽改造。花园村以景区标准建设新农村，对其进行清淤引水、修堤种柳、搭亭建廊，引进了高大上的音乐喷泉和水幕电影，再配上五彩斑斓的霓虹灯带亮化工程，让吉祥湖成为了流光溢彩的乡村景区。

吉祥湖位于东阳市花园村的正中心位置，水面面积比一般的池塘略大，湖面面积达108亩，呈元宝形，寓意"吉祥如意"，堪称花园村的"小西湖"。

吉祥湖的变迁,是花园村重视生态环保、宜业宜居的缩影。

吉祥湖风貌

三、乡风文明

改革开放 40 多年来,乡村治理形势总体良好。但随着大量的农业人口进城,人才长期逆向流动,农村空心化严重,出现了许多问题。一些地方,乡风文明每况愈下。

日积月累,造成一些农村矛盾常年累积,隐患颇多。

基于此,2018 年中央一号文件指出乡村振兴乡风文明是保障。必须坚持物质文明和精神文明一起抓,提升农民精神风貌,培育文明乡风、良好家风、淳朴民风,不断提高乡村社会文明程度。

对于这些,邵钦祥有切身体会,因此特别重视,积极化解矛盾。

第一次并村时,一条宽阔的水泥路连起了南山小区的东庄和西庄,改变了南山人"下雨天一步一腿泥"的历史。但谁能想得到,由于多年来的矛盾隔阂,老南山村不要说通路,连账本都有三套——两个自然村和行政村本级各有各的会计、出纳;而边上的老西田村更离谱,300 万元应交给集体的木线棚租金,村民愣是顶着不交,一拖就 4 年,农民还到处告状……

为什么生产发展、生活富裕的同时,一些农村的矛盾纠纷却不见少?

邵钦祥一抓就抓到了要害：乡风文明、管理民主，首先你干部要讲文明、讲民主，老百姓都看着呢。老南山、东西庄不团结，首先就是干部不团结；老西田村群众为啥不交钱？就因为有一任村干部多占了门面、多圈了地。

建设新农村，也是不断破解农村矛盾、移风易俗的过程。第一次村庄合并后，邵钦祥和村党委决定，原来10个村党支部整合为4个，彻底冲破个别党支部的宗派观念，打造党支部的坚强战斗堡垒。同时，秉公处理个别党员干部的违纪行为。在老西田村，他主持收回了个别干部家属占的10多间门面房，还请有关部门解决了木线棚的用地权属难题，短短一个月，多年没收上来的巨款群众一下全交清了，群众再不想着外出告状了……

花园村是个村，但确实更像座小城镇，按五星级标准建设的宾馆、高楼大厦、影剧院等一应俱全。由于外来人口数倍于本地人口，传统的乡风文明自然要受到较大冲击。

"在物质上，花园村已是小城市的规模，但精神上，仍处于乡土社会向现代文明转型阶段。"邵钦祥如此表示。

花园村立足乡村文明，吸取城市文明及外来文化优秀成果，在保护传承的基础上，创造性转化、创新性发展，不断赋予时代内涵、丰富表现形式。深入挖掘农耕文化蕴含的优秀思想观念、人文精神、道德规范，充分发挥其在凝聚人心、教化群众、淳化民风中的重要作用。

在花园村，特别重视村规民约。据介绍，"村规民约"是经村民代表讨论制定、全村公示后通过的，并且在30多年中历经了多次修改。除了"村规民约"，花园村还制定"生态公约""村民道德公约"等

"本村村民与外来人员发生纠纷时，首先处理本村村民；村里党员干部与村民发生纠纷时，首先处理党员干部""本村任何单位和个人不准招用16周岁以下的人做工"……在花园村的广场上、每个村民家中的茶几案头，都能看到这个村的"村规民约"。从社会治安到村风民俗，薄薄5页"村规民约"中，凝聚着全体村民对价值认知和行为规范的共识。

有了合适的"村规民约"，还得想法让村民第一时间知道。在宣传推广方面，花园村也下了不少功夫，采用了多种形式。

新老村民清楚地知道，一旦有破坏家庭、邻里、村庄和谐的行为，便无法参评先进户、文明户、五好家庭户、遵纪守法户。

每年年底评出的这些荣誉，奖励不多，但如今已成为花园人的共同

期待。

在花园村，特别注重弘扬孝敬老人。

"真是不敢相信，村里就有这么豪华的酒店，还让老人们在这么华丽的宴会厅吃酒宴，我们生活在花园村就是幸福啊！"2019年11月17日，花园村前蔡小区70岁的卢金余老人难掩心中的骄傲与自豪。

当天中午，花园村举行老年人招待午宴，全村1851位老人被请进按国际五星级酒店标准投资兴建的花园雷迪森大世界3000平方米无柱式宴会厅，一边唠家常，一边品美食，一边看演出，现场欢声笑语不断、气氛其乐融融，大家共同感受花园的建设成就，共同分享花园的发展喜悦，共同见证花园的巨大变化。

邵钦祥表示，花园乡村如此振兴、建设如此美丽、发展如此快速，是因为有一支肯吃苦、肯吃亏、讲政治、讲奉献、讲团结、讲务实、讲正气的高素质党员干部队伍，同样也有全村老年人的一份功劳，离不开他们的付出、理解与支持。"你们为花园事业奋斗了一辈子，要充分享受花园经济社会发展的成果，村党委、村委会将继续加强老年人工作，让花园老年人生活得更健康、更幸福、更快乐。"邵钦祥如是说。

"敬老宴"所承载的不仅仅是中华民族尊老爱老敬老助老的光荣传统，更是广大农村一种传统文化的回归和对美丽乡村建设的美好希望和畅想。一直以来，花园村就十分重视老年工作，村里出台了一系列针对老年人的福利政策，仅2019年重阳节发放慰问金就达93.9万元，其中80岁以上老人更是领到了2000元至10000元不等的高龄补贴；每人每月分发大米、鸡蛋、猪肉以及食用油等实物；目前花园老年公寓扩建工程也已基本完成，将进一步改善和提升花园养老服务水平与质量。

四、治理有效

乡村治，天下安。乡村治理的重要性不言而喻。

乡村振兴，治理有效是基础。必须把夯实基层基础作为固本之策，建立健全党委领导、政府负责、社会协同、公众参与、法治保障的现代乡村社会治理体制，坚持自治、法治、德治相结合，确保乡村社会充满活力、和谐有序。

2019年，中共中央办公厅、国务院办公厅印发《关于加强和改进乡村治理的指导意见》，把乡村治理摆在了非常重要的位置。《意见》对乡村出现的问题开出了药方，明确了要求。

党的十九届四中全会指出："构建基层社会治理新格局。完善群众参与基层社会治理的制度化渠道。"

经过2004年和2017年两次并村，周边18个村被并入花园村，村域面积达12平方公里，常住人口超过6.5万人，其中外来人口5万多人。

显然，这给村庄治理增加了难度。在很多人看来，很可能矛盾纠纷屡发。但结果是，花园村乡村治理有序，延续了"小事一天内解决、大事三天内解决"的治理机制，实现了近40年"矛盾不上交、纠纷不出村、选举不拉票、村民零上访"。

花园村专门设置了政法办、人武部、消防队等机构，成立了花园村社会治安综合治理领导小组，下设人民调解委员会、外来人员管理领导小组、预防青少年违法犯罪领导小组、外来人口管理服务站等。

花园村利用现代科技手段推进依法治村，在全村各主要交通要道、重要区域都安装了监控探头。

法治文化广场是花园村民日常休闲娱乐的场所，通过在广场内设置法治雕塑、法治文化长廊、法治名人、法治名言警句等各类法治文化元素，让法治宣传通过润物细无声的方式融入百姓的日常生活。

花园村综合信息指挥中心

几十年来，花园村以法治教育培训中心为阵地，因材施教地开展法治教育活动，坚持定期每季度上法律辅导课；采用多种形式开展法治宣传，在党务、村务、财务公开栏上设立法治宣传板块，在《花园报》以及微信公众平台上开辟法治专栏；通过花园图书馆，配置法律图书，免费对村民开放，让村民真正养成了遇事找法、解决问题靠法、严格依法办事的良好习惯，有效地提升了村民的整体素养。

在花园红木家具市场，室内通过 LED 屏滚动播报市场经营动态，包括对违反市场规章制度的处理、客户投诉的处理等；同时设置年度诚信守法经营户评选、遵纪守法诚信经营知识问答等宣传栏，来彰显市场的诚信守法经营理念。室外则利用大型显示屏，不间断地播放与市场依法经营相关的案例，营造规范经营的氛围。

利用露天舞池周边的栅栏，设置 16 块展板，用图文并茂的形式开展以案说法，内容包括婚姻家庭、财产分割、老年权益保护、未成年人保护、赌博、酒驾、禁毒、反邪教、交通安全、食品安全等内容。

在这里走一圈你就能对古今中外的法治历史有一个大概的了解。晚上，在欣赏吉祥湖美景的同时，说不定还能看到利用音乐喷泉的水幕投射播放的法治微电影和法治视频。

花园村将法治文化元素科学、美观地融入村里的各个角落，使群众能近距离地领略法治文化、感受法治精神，通过在"一馆、一楼、一场、一院、一市、一池、一湖——村史馆、法治大楼、法治文化广场、影剧院、红木家具市场、露天舞池、吉祥湖"中建设法治雕塑、法治长廊、法治名言警句、古今中外法治历史等法治元素，并用"法治一条街"将其串起来，使群众在潜移默化中接受法治文化的熏陶，形成自觉遵法、守法、学法、用法良好氛围。

2019 年 12 月 31 日，《中央农村工作领导小组办公室、农业农村部、中央宣传部、民政部、司法部关于公布全国乡村治理示范村镇名单的通知》印发，公布了 99 个全国乡村治理示范乡镇和 998 个全国乡村治理示范村名单，花园村作为东阳市唯一获评村庄名列其中。

花园村乡村治理形成了四条经验：一是坚持"党建 + 乡村治理"，优化基层党支部设置，创新党组织活动方式，全力开展党员队伍建设，发挥基层党组织战斗堡垒作用；二是坚持"互联网 + 乡村治理"，依托政务服务网搭建村级便民服务中心，依托平安信息系统搭建全科网格，依托"雪亮工程"搭建公共视频监控网络和巡防网络，发挥现代治理手段的积极推动作用；三是坚持"制度＋乡村治理"，完善乡村自治制度，完善乡村法治制度，完善乡村德治制度，发挥长效机制的固化治理作用；四是坚持"经济发展＋乡村治理"，扶持发展多种市场主体，形成多元化的社会治理主体，构建"一分五统六融合"体制，实现新村与旧村的融合，坚持开放平等原则，促进户籍人口与外来人口的融合，发挥经济对社会治理的促进作用。

　　浙江"三农"问题专家胡豹和顾益康在一篇题为《从"枫桥经验"到"花园经验"》的文章中提到，花园村治理有效得益于三个方面，即从能人治村向依法治村的治理转型、打破常规设立村治专门事务机构和高度重视党员干部服务理念教育。

　　文中表示，改革开放以来，能人治村的典型并不鲜见，能人也顺理成章地成为乡村治理的核心人物。花园村党委书记邵钦祥无疑就是这样一位能人，在推动村庄建设、谋划产业布局、解决村民矛盾等方面发挥了举足轻重的作用。随着花园村人口不断增长，能人治村弊端凸显，治理理念面临转型压力。为此，花园村建立了一套村治规章制度，涵盖村务管理、党员管理、村民管理三大方面。村务管理包括"决策程序、议事规则、财务管理、村务公开、公共事务管理、联系群众、干部考核和日常管理"八项内容；党员管理包括"党员作用发挥、党员活动、外出党员管理、党费收缴、党员评议、党员考核"六项内容；村民管理主要是村民自治章程和村规民约。这套治理制度也体现了原始的乡村治理向新时期城市化管理方式的转变。

　　为保障规章制度的执行，花园村成立了社会综合治理领导小组和法律事务部，以此发挥派出所和法院的派生功能。社会综合治理领导小组下设治保委员会、人民调解委员会、矛盾纠纷排查调处小组、外来人员管理领导小组、归正人员帮教领导小组、预防青少年违法犯罪领导小组和消防队，是解决纠纷、处理突发事件的核心机构。一旦有突发事件，治安小组介入处理，3天内解决不了的，移交法律事务部，法律事务部解决不了的，移交国家公检法部门处理。村里还设立了纪委办、政法办、安全保卫部、村建办、招标办、询价组等机构，保证村里每一项事务都有专人依法依规办理。

　　同时，花园村把党员的教育培训放在突出位置，村两委干部在工作中恪守"公开、公平、公正"的原则，保证了政策的实施效果。凡是涉及村庄规划、房屋拆建、工程招标、选举、发展新党员等事务，一律通过"公示栏"公布。

时任浙江省委副书记、省长袁家军（现任浙江省委书记）在花园调研时说：花园村没有一个公务员、没有一个吃皇粮的，治理得这么好，值得学习总结。

2019年12月11日，在东阳市参加由民政部主办的首届"全国农村社区治理讲习班"的全体成员，来到首批全国农村幸福社区建设示范单位——花园村，考察学习农村社区治理好经验好做法并现场交流互动，共同探讨加快推进农村社区治理体系和治理能力现代化建设。

五、生活富裕

2017年，花园村第二次"1+9"并村后，面积从5平方公里扩展到12平方公里，村民从5000多人增加到13879人，加上5万外来常住人口，全村人口超过6.5万。

2019年，花园村实现营业收入602亿元，拥有个私工商户达3768家，村民人均年收入达13.5万元。

国家统计局发布的数据显示，2019年全国居民人均可支配收入30733元，其中城镇居民人均可支配收入42359元，农村居民人均可支配收入16021元。2019年，全国居民人均消费支出21559元，其中城镇居民人均消费支出28063元，农村居民人均消费支出13328元。

粗略看，花园村人均年收入是居民人均可支配收入的4倍。

在花园村，村民可以经商、上班及获得租金收入，因而几乎家家户户住上了花园式的房子，有稳定的收入，过上了富裕生活。

正如2018年邵钦祥在接受媒体采访时表示："城市居民有的，花园村民也有，城市没有的，花园村农民也有。所以花园农民比城市居民富，花园村子比城市要美。花园村农民的资产500万以下是困难户，1000万以上刚起步，5000万以上才算富，一个亿以上的资产算富裕。"

这些，无不彰显一个村庄村民生活的富足，因而，花园也变得越来越有吸引力。

第十四章
花园村村民的故事

2020年5月14日,走进花园村红木家具城一楼一间名为鸿峰的商铺里,实用、美观且兼具艺术性的红木家具展现在眼前。邵清君和邵清华兄弟是这家商铺的主人,他们还有一个身份,那就是花园村村民。

一、因为贫穷出门务工

花园村村民,是今天他们最看重的身份。1972年出身的邵清君,童年是在贫穷中度过的。

在老花园村里,邵清君和邵钦祥是邻居。他清楚地记得,当时住的房子都是木房加泥瓦房,房子低矮、潮湿。当年母亲和邵钦祥的妻子还共用一台机器编过草席,以此补贴家用。1981年,邵钦祥创办服装厂后,母亲自带裁缝机,成为服装厂最早入职的18名女工之一。

他的印象中,当时在花园村都是小山坡,种田完全靠天吃饭,收成极差。生活在小山坡上,却没有柴山,还得去外面砍柴,往往还是村民的大事。家里养猪,可是连割猪草都得去其他村。

爷爷也曾走几十公里路外出抓泥鳅,这是花园人的传统。村里有两口水井,一口干旱一点就没有水,还有一口要用机器打的,打了很深就是没水。"花园村就是奇怪了,隔壁马府村水井就常年有水。"在他印象中,很早的时候,马府村就通了电,置办了碾米机,花园村民碾米都得去马府。

初中毕业后,邵清君曾跟人学了半年手艺。彼时,在东阳有个不成文的规定,学手艺前三年没有工资,只是到年底师傅给20块钱回家过年。

或许是穷怕了，迫切想挣钱改变，邵清君很努力，只学了半年就跟人去了广东深圳。他清楚地记得，那是1987年。当时，花园泥水工一天4元工钱，而深圳达到了每天6元，第二年邵清君带了20多个人，工钱还涨到了每天20元。

为了多挣点钱，他们有时通宵达旦，一个月居然做工50多天。

二、把握机会回村创业

五年之后的1992年，回家过年时邵清君发现，村内企业多了，尤其是花园集团成立后，很多村民在花园集团上班，村里也需要油漆工。于是，他索性就在村里发展，承包了花园集团工程，发现赚的钱比在外面还多。

就这样，他开始在村里发展。1998年，他在村里办起了木线市场。做老本行的邵清君从几万元起家，搭个棚子就算开业了，地点就选在今天的花园大厦边上。

开办木线市场几年挣了几十万元，当时几十万元绝对是个大数字。2000年时，他花20多万元买了一辆帕萨特。多年之后想起，这是他当年最自豪的一件事。

1995年，他买了摩托车，去东阳城里，有一段路骑不上去还得下来推。而等到他买车时，村里都已经是宽敞的水泥路了。

木线市场做到2004年，花园村第一次并村后产业需要升级。他积极响应，把厂房租给别人，自己买了挖掘机揽活赚钱。

2008年，厂房到期，当地红木家具市场刚起步。这是他的老本行，索性自己干。后来村里办起了红木家具城，他第一时间租用了门面。

弟弟邵清华出生于1978年，改革开放的同龄人，伴随着花园村的发展而成长。

从学校毕业后，邵清华入职花园集团，在花园宾馆上了几年班。后来，花园村成为木线的主要产地，邵清华抓住商机，到四川销售木线，赚到了人生中的第一桶金。2005年，邵清华看到村里发展快，又回到花园村，和兄长一起经营红木家具厂和位于花园红木家具城的商铺。

邵清君兄弟经营的红木家具店

三、经营着自己的幸福

邵清华印象中,自己小时候出门赶集、上学,都要经过一段坑坑洼洼的上坡机耕路,可现在,村里到处都是宽敞的大马路,就连房前屋后也可以通车。

邵清华家离花园商业中心不远,步行只要10多分钟。吃完晚饭,他们一家人会出门散步,回家的时候经过花园商业中心,就进去买点食物和日常用品。"就生活设施方面,我们村跟城市几乎没有差别,而且村里的绿化做得特别好,到了秋季,我每天晚上都枕着桂花香入眠。"邵清华说。

邵清华一家四口和父母住在一起,除了自住的楼层,其他楼层,邵清华都用来出租,一楼开了家店铺,其他房间则租给了红木家具行业从业人员。"我父母每月都能领取一笔退休金,日常开销无需我们子女承担。父亲还在家附近开垦了一块菜地,全家人平时吃的绿色蔬菜都不用上菜市场买。"邵清华说,依靠房屋出租,他每年至少能收租金10多万元,因而生活十分安逸和舒适。

邵清华的女儿在花园幼儿园,幼儿园离家只有几分钟路程,平时都由她奶奶步行接送。"今年考上了花园外国语高中,不仅教育质量好,而且离家近,我们照顾起来方便。"邵清华说。

在花园村,类似邵清华这样的家庭有很多。得益于村庄的发展,他们从农民摇身一变成为工人、商人、创业者、企业家,在这片充满奇迹的土地上经营着自己的幸福。

第十五章
邵钦祥的战略格局

一位土生土长的农民，祖祖辈辈以农为生，然而他却敢于突破、勇于尝试，从开办村内第一个作坊起步。近40年间，企业在发展中创新，在创新中发展，不断跨越，现已跻身"中国民营企业500强"。

更为重要的是，在他的带领下，花园村通过"以工富农，以商兴村"，从一个曾经资源贫瘠的贫困村庄变成了"中国十大名村"，且排位不断靠前。目前，位居前三。

他就是邵钦祥，花园村党委书记、花园集团董事长兼总裁。既敢想敢闯、居安思危，又具有极强的战略专注；既不断创新，又不弃传统。作为典型的农民企业家，邵钦祥提前布局，重金投入高科技，带领企业成功转型，走上发展快车道。

要研究邵钦祥的战略格局，自然是一件难事，但梳理、研读其40多年的奋斗史、商业史，可以清晰地找到上述关键词。

一、勇于尝试

邵钦祥勇于尝试至少可以追溯到20世纪70年代初，当时尚不到18岁的邵钦祥并不是村干部。每年夏季"双抢"时，各生产队使用原始的生产方式，劳动强度大，但效率却不高。邵钦祥看在眼里，急在心里。尤其是当他了解到有生产队用上了手扶拖拉机后，他坐不住了。

邵钦祥立即找到了时任村支书邵福星，建议生产队也买台手扶拖拉机，不但可以减轻劳动强度，提高生产效率，还可以通过帮助其他生产队赚取一部分收入，可以实现一举多得。

听邵钦祥说得头头是道，邵福星也很认可。但他一听到买手扶拖拉机要一大笔钱时就沉默了，因为当时集体经济几乎为零，去哪弄那么多钱？且邵福星一向行事谨慎，循规蹈矩。

邵钦祥了解情况后，提出可以让各生产队一块凑钱，按生产进度调配使用，闲暇时再承包给机手为大队赚取管理费。

"你是大队的主心骨，主意要你拿，不要老被公社干部批评花园是贫困村、落后村，被邻近大队看低三分，弄得花园人都抬不起头来。"为了说服邵福星，年轻的邵钦祥想方设法，还用到了激将法。

邵福星觉得邵钦祥说得有道理，同意通过集资方式购买。大家都觉得是个好主意，钱很快凑齐了。那个年代，类似手扶拖拉机这样的农业机械不是你想买就能买到的，还得凭指标。当时，花园所在的南马公社还没轮到指标，即便有指标，考虑到花园是个穷村，自然很难轮到。知道这些信息后，年轻的邵钦祥心急如焚。

好不容易说服村支书同意筹集到钱，邵钦祥自然不甘心计划就此破灭。后来，他多方打听，了解到几十公里外的丽水缙云县有一台八成新的机器。他如获至宝，马上跟村支书汇报。几个人去了缙云，一手交钱一手交货，买了手扶拖拉机。但当时，因没有指标，类似拖拉机这样的农业机械私下买卖不符合规定。因担心路上被查，苦等到天黑才从缙云出发。到了花园村外，因进村的路太窄，拖拉机进不了村。急中生智的邵钦祥叫人拆下村里戏台的台板……

就这样，几经周折，花园有了台手扶拖拉机，也有了头一回光彩。除了农用耕田，还可拆下来发电、抽水等，一机多用，作用发挥到了极致。

通过此事，老支书邵福星总算有了一次扬眉吐气的喜悦。此后，有事也总喜欢叫来邵钦祥商量，邵钦祥也因此成为村里年轻人的榜样。

后来，类似的尝试不断爆发出来。比如，村里第一个创办蜡烛作坊，村里第一个创办真正意义上的工厂，联合其他村办企业在金华市范围内创办了第一家村级工业公司，组建集团公司，和中科院合作发力高科技，等等。

这些，无不彰显邵钦祥敢为人先，勇于尝试。

二、居安思危

农民企业家有很多优点，比如能吃苦，敢拼敢闯。但也有不少缺点，比如小农思想严重，小富既安，尤其是口袋富了之后暴露无遗，不愿再冒险，有些甚至不思进取。

对于小农思想，狭义的解读就是为满足个人温饱，在一小块地上自耕自作，无约束、无协作、无交换而长期形成的一种思想观念和行为习惯。后引申为办企业小富即安，没有宏大志向。

小农思想，在农业企业中体现得淋漓尽致。比如，茶叶是中国的国饮，茶文化源远流长，我国也诞生了不少茶叶企业。数年前，就有六七万家，但产值普遍不大，都加起来还比不过一个立顿（全球最大的茶叶品牌），很多茶叶企业以作坊形式存在。每年有几十万、几百万元的产值，茶业企业老板已经心满意足。茶业企业曾经普遍缺乏品牌意识，没有形成产业化。

安溪铁观音、西湖龙井、洞庭碧螺春等十大名茶显然是家喻户晓，但很长一段时间，消费者到茶叶城或者专卖店等选购茶叶时却总是犯难，西湖龙井和安溪铁观音遍地都是，到底该选哪一品牌？怎样区分？

茶叶行业如此，当年蓬勃发展起来的乡镇、民营企业也是如此。

在当年乡镇企业遍地开花的浙江，乡镇企业众多，但绝大多数都是小规模存在，技术含量不高，易于模仿，没有核心竞争力。这些乡镇企业主，绝大部分也安于现状，缺乏危机感。

但同样是农民出身的企业家邵钦祥则不一样，在服装厂生意红火时，他敏锐地意识到市场将竞争越来越激烈，进入拼规模、拼质量的时代。于是，他联合村内其他46家企业成立了村级工业公司，涉足多个产业。而后又成立了花园集团，在花园集团业务稳定在2亿至3亿元时，他又敏锐地感受到了危机，认为产业如果不升级将困难重重，传统高能耗高污染企业将被淘汰。于是，花园集团到处寻找高科技项目，最后坚定选择和中国科学院合作高科技项目维生素D3。

花园集团走的每一步，都是因为邵钦祥居安思危，提前看到了危机，及时转型升级，不仅成功活了下来，还实现了新的跨越。

而同时代的一些乡镇、民营企业，因为安于现状，未及时转型升级，渐渐陷入泥潭，最后甚至破产。

华为无疑是实力强大的公司，2019年年度报告显示，实现全球销售收入 8588 亿元（人民币，下同），同比增长 19.1%，净利润 627 亿元，经营活动现金流 914 亿元，同比增长 22.4%。

在技术创新与研究方面，2019 年华为研发费用达 1317 亿元，占全年销售收入 15.3%，近十年投入研发费用总计超过 6000 亿元。

尤其是在 5G 方面，因为提前布局，重视研发，华为成为头部企业，全球领跑。

取得非凡成就，自然各种赞誉扑面而来，但任正非却经常在华为内部泼冷水，称华为离死亡可能只有一步之遥。

任正非曾在华为一次内部会议上讲："外界过分夸大了华为，有可能是灾难，我们不知道现在的华为到底行不行，外边对华为的吹捧，可能会麻痹华为人，如果只是表面的繁荣带来我们内心的自豪感，就会导致惰怠，公司已经有点泡沫化了，虽然我们对未来的发展充满信心，但如果不加强修炼内功，提高实际运作效率，可能就不能应对这个社会和未来科技的发展。"

在华为业绩一片向好，华为不断被外界荣誉加冕的情况下，任正非能够居安思危，提醒并敲响危机的警钟，让华为人时刻保持清醒的头脑，踏实工作，努力奋斗，这体现了作为企业领导人的高瞻远瞩、居安思危。

比任正非小 10 岁的邵钦祥，非常钦佩任正非，后者超前布局、临危不乱的勇气让他印象深刻。

2019 年 7 月，邵钦祥带领由花园集团部分中高层干部以及部分企业相关人员等 70 人组成的考察团前往深圳华为公司，对华为拥有 8 万多研发人员但依然把每年销售收入的 10% 投入到产品研发的做法倍感钦佩。

三天的考察学习，邵钦祥一行通过与世界一流企业的对标和交流，感受了华为先进文化，为花园集团在企业运营管理中提供了思想源泉；了解了华为最新技术，为花园在数字化转型与智能解决方案等工作中提供了支持，并表示作为民营企业的华为公司之所以能在 30 多年间从一家名不见经传的小公司成长为一家国际知名且具有核心竞争力的企业集团，靠的是持续不断的创新研发和强有力的组织管理能力。

邵钦祥指出，华为公司提出的"以客户为中心、以奋斗者为本、长期坚持艰苦奋斗、坚持自我批判"的核心价值观是华为理念创新的精髓，花园要以华为公司为学习榜样，通过对标先进，找准差距，不断推进花园"两化"融合以及增强花园创新能力，积极推动花园各项事业全面进步。

通过考察华为及后续讲话不难看出，即便到了今天，收获无数鲜花荣誉之后，邵钦祥仍时刻保持头脑清醒，居安思危。对于企业家来说，这是一种难能可贵的品质。

长期观察研究发现，一些企业发展到一定阶段后，企业家认为其无所不能，身边听到的也是一片阿谀奉承。久而久之，听不进忠言。最后，错失发展良机，陷入困境，跌落深谷。

三、战略专注

居安能思危，探索新的发展路径，而一旦战略定了，则专注变得非常重要。在面对困难时，要有战略定力，而不是碰到问题就退缩，就怀疑战略选择正确与否。

2016年3月，全国"两会"上，国务院总理李克强做政府工作报告时首次提到工匠精神。

工匠精神，是一种职业精神，它是职业道德、职业能力、职业品质的体现，是从业者的一种职业价值取向和行为表现。工匠精神的基本内涵包括敬业、精益、专注、创新等方面的内容。

工匠精神是社会文明进步的重要尺度、是中国制造前行的精神源泉、是企业竞争发展的品牌资本、是员工个人成长的道德指引。工匠精神就是追求卓越的创造精神、精益求精的品质精神、用户至上的服务精神。

广义上来说，工匠精神就是对事物的专注。某种意义上看，企业家的战略专注也属于此范畴。

2016年3月，光明日报出版社出版的《成大事的格局》一书，讲述了20多个行业精英的故事。这些企业家们有一个共同点，那就是重视战略格局，专注于主业。

所谓"战略"，就是组织在面对激烈的内外部环境变化以及严峻的竞争挑战时，需要对当前所处的复杂环境与机会威胁进行全面分析，从而为未来发展做一个长期、全局的规划，以使企业能够进一步持续健康发展。"战略"一词原本是军事术语，其中"战"指战斗或战争，"略"则指筹划、策略和计划。在军事上，战略这个概念源远流长，早在《左传》《史记》中已经开始使用"战略"一词，到西晋，史学家司马彪就有以"战略"为名的著述。

后延伸到政治、经济领域，今天用得最多的是企业。杰克·特劳特给战略的定义是：战略就是让你的企业和产品与众不同，形成核心竞争力。

对受众而言，就是鲜明地建立品牌。

合适的企业战略，能够在既定条件下，确定企业与环境之间的关系，并在此基础上充分发挥组织结构和企业全部资源的优势，形成企业的核心竞争力，从而促进企业健康可持续发展。

而要形成核心竞争力，需要战略专注。

《成大事的格局》中描述：自2014年以来，国内众多中小企业遭遇困境，有些甚至破产。原因众多，比如，宏观经济增速放缓，银行出于风险考量的惜贷、抽贷，等等。

外部因素固然重要，但内在因素更为关键。通过多个中小企业失败案例不难发现，这些企业大多倒在盲目多元化的路上。这与企业战略息息相关，更与企业家的战略定力分不开。观察那些发展稳健的企业，即便实行多元化也会与主业息息相关，且专注于主业。

比如知名企业福耀玻璃，在快速发展过程中，曹德旺也曾面临过诱惑，经历了短暂的多元化。

20世纪90年代前期，当时的福耀除了汽车玻璃主业外，还涉足了房地产、装修工程和证券等领域。那时候从公司领导到福耀员工都觉得，福耀已经走过了几年光辉灿烂的历程，是时候步入一个新的征程，全力向集团化、多元化、国际化迈进。

当时的福耀以其自有的速度大步横向扩张，但很快就遇到了难题。1993年，国家实施第一次宏观调控，原本求企业借钱买地的银行却抽掉银根，市场需求也因政策冷却。"工厂赚的还不够付那边的利息"，布局的失力，使福耀陷入危机。

曹德旺因此陷入深思，手中的香烟一根接一根地燃烧着：自己究竟该不该专心经营玻璃厂？是不是应该把福耀的副业剥离开来？专营玻璃又如何从当时的数千家玻璃厂中突围？这些问题都不停盘旋在他的脑海中。

直到有一次，在美国福特汽车博物馆里，曹德旺找到了布局的答案。能够存活下来的汽车玻璃公司，历史都超过百年，这些公司都是靠专心于一件事而成为最后的霸主。

与此同时，新加坡交易所的一位专业人士在拜访曹德旺的时候，听闻福耀发展境况后建言："国际上比较成功的大公司一般都以专业化经营为主，买福耀玻璃的人，未必会买你的房子。"曹德旺这时更加坚定了走专业化的路线："多元化是一个误区，一个人的经验有限，精力有限，资金能力有限，对企业管理的能力有限……多元化失败，其实就是不务正业。"

第十五章　邵钦祥的战略格局

1994年福耀转让了对房地产公司和装饰公司的投资，1995年又收回了对南方证券的投资，所得资金全部投入了福建万达汽车玻璃有限公司的建设。从此曹德旺从多元化回归专业化，专心致志做玻璃。

正是因为20多年来专注于主业，福耀玻璃成了中国乃至世界最大的汽车玻璃制造商。

又如，最近农夫山泉上市，其创办人钟睒睒和邵钦祥同岁。审视农夫山泉20多年的商业逻辑，战略专注同样起了非常重要的作用。在纯净水市场生意如日中天时，钟睒睒看到了危机，认为原生态水才是未来的方向。公司适时调整了产品，并十年如一日，锲而不舍地坚持。农夫山泉发展过程中，曾面临过房地产十年高速发展的诱惑，但依然专注主业。正是这些，成就了今天的农夫山泉，国内饮用水市场领导者。

对于确定好的战略，居安思危、不断创新的邵钦祥同样非常专注，积水成河、聚沙成塔、锲而不舍地坚持。

比如成立花园村工业公司时，因为是新鲜事物，领导不理解，到处碰壁，相关职能部门不予审批。但邵钦祥并没就此放弃，而是反复做工作，最终总算审批下来，在银行开了户。当时媒体报道显示，这是金华市首个村级工业公司。后来的事实证明，创办工业公司战略选择正确，非常及时。

又如，当花园集团决定通过和中科院合作，实现科技引领、转型升级战略后，尽管在维生素D3项目中试屡屡受挫，投入一加再加，公司财务压力剧增，高管反对声渐高，有人建议及时止损，也有人说"泥腿子搞不了高科技"，但邵钦祥仍然咬牙坚持。

即便在资金最吃紧的关头，他仍然每天微笑面对每一位高管、员工和村民，表明他的必胜信心。

事实证明，他这种战略专注非常有必要。维生素D3项目中试成功后，花园高科很快实现了工业化生产，且一直是花园集团收入来源重要企业之一，也是至今为止花园村唯一上市公司。

最为关键的是，通过专注于高科技成功带领花园集团转型，实现了完美跨越，转型升级。而当年成千上万，类似于花园集团这样的乡镇企业和民营企业，却倒在了历史的车轮旁。

据了解，近年来花园集团加大科技创新研发力度，浙江大学和花园生物公司共同研发完成的"天然活性同系物的分离新技术及应用"荣获国家技术发明奖二等奖。2018年，花园集团旗下4家工业企业19项省级新产品通过鉴定，其中16项产品技术处于国内领先水平。

中国乡村振兴示范村 花园村 HUA YUAN CUN

花园村党委书记、花园集团董事长兼总裁邵钦祥

在企业科技创新方面，邵钦祥极具进取的勇气，而在房地产等领域，则展现了其取舍的智慧。花园集团所在地浙江省东阳市被誉为中国建筑之乡，花园集团旗下花园建筑，从事房产地开发具有得天独厚的优势，房地产业务也曾是花园集团的重要业务之一。

在房地产快速增长的十多年时，不同行业的众多企业纷纷参与淘金，很多企业赚得盆满钵满，房地产也装扮了不少上市公司的财务报表，即便其主业已经奄奄一息。

2011年，面对房地产调控，花园集团宣布退出房地产，不对房地产进行投入，对已经投入的房地产项目进行清退和处理。

邵钦祥曾向媒体记者表示："房地产行业在国内的兴起有其特殊的时代背景，这个行业不可能一直保持快速增长，相比之下，我更看好生物医药、新能源、新材料等高科技行业的发展前景。"

钟睒睒认为，资本是有血性的，其流向一定是洼地，因为那里有高额利润。他也认为，从企业家的责任来看，应该创造产品，通过产品告诉社会他们的认知和理想。

在他看来，房地产显然创造不出他所认可的产品，相反会制造经济泡沫。从企业的长远发展来看，如果投身房地产，则会影响主业。于是，他选择了专注,研究产品与竞争,不断创新。

为了让产品富有美感和文化附加值,农夫山泉曾花3年时间邀请了5家国际设计公司设计包装,历经58稿后才最后选定方案。最终展现在公众面前的晶莹剔透的玻璃瓶身加上长白山特有物种的图案,透出浓浓的人文气息。

同为浙江企业家,花园集团与农夫山泉也有业务交集,在战略专注方面,两者持类似态度且一以贯之,带领彼此的企业跨越一道又一道门槛,达到新高度。

四、兼容并蓄

战略高度专注的邵钦祥,把资金密集投入了实体、商贸企业,且高科技与传统企业并存。因此,在花园集团的版图里,既能看到以花园生物为代表的高科技企业,又能看到以花园红木家具城为代表的传统商贸企业。

花园红木家具城,简单地说就是一个市场,这是典型的传统商贸企业,谈不上什么高科技含量,但近年来却成为花园人重要的收入渠道。

这是邵钦祥深思熟虑后的重要战略选择。在花园集团的支撑下,很多花园村民实现了可以在家门口就业,村内基础设施得到了很大改善,尤其是第一次并村后,重新规划建设的村庄生态宜居。花园人住有所居、吃喝不愁,但如何更进一步?一方面,激发花园人在家门口的创业激情;另一方面,让花园人的房产能实现价值。

打造红木家具市场进入邵钦祥的脑海,长期办木线市场,建红木家具市场具有一定基础。邵钦祥也深知,在村里建红木家具市场,需要花很长时间去培育。时间长,自然也意味着风险高。

经过仔细、谨慎论证,邵钦祥确定战略方向后,果断地启动了这一工程。建市场风险高,由花园集团来投入。为了构建竞争力,花园红木家具市场从一期到六期,不断扩大规模。同时,不断延伸产业链条。于是,有了今天的"天下红木第一村"。

市场有了知名度,自然吸引越来越多的外地人来花园。目前,花园户籍人口1万多人,而外来人口达5万多人。

这些人需要在花园经商、工作、居住、生活,花园村民的临街铺面、房子自然变得炙手可热,租金直线上涨,让花园人房产变成了"摇钱树",

且收入稳定。

家门口有了这么大规模的市场,善于经商的花园人自然也不会袖手旁观,他们投入经商的洪流之中。

在村内创办红木家具加工厂、在红木家具城开店或在村内商业街开店,成了很多花园人的选择,富裕起来的花园人精神饱满,使得花园村充满活力。

数据显示,2019年,花园村拥有个私工商户达3768家,村民人均年收入达13.5万元。

金华火腿是金华市特产,中国国家地理标志产品。

花园集团旗下老汤火腿公司从事的是典型的传统行业,公司创建于1995年,是一家集研发、制作与销售为一体的大型食品加工及出口食品生产企业,主要从事"老汤"牌火腿和火腿小包装系列产品的制作和销售,先后荣获浙江省名牌产品、浙江省著名商标、浙江省知名商号、中国国际农博会"名牌产品"等称号。

多年来,老汤火腿公司凭借传统的制作工艺、优异的产品质量、科学的管理模式,赢得了广大消费者一致好评。

但近年来,相对而言,老汤火腿对集团的贡献越来越低,但这是花园及金华传统,一直发展至今,通过老汤火腿这一载体传承了工艺,让人忆起曾经的乡愁。

上万火腿共沐"日光浴"

第十六章
邵钦祥的经营之道

过去几十年，无论是企业，还是村庄，都经营、治理得很好，此间有什么奥妙？面对这样的问题，邵钦祥往往笑而不语。

但梳理企业和村庄 40 多年的发展，可以找寻到一些脉络，发现其经营之道，那就是邵钦祥诚信为本、以身作则、重视人才建设和关爱员工。还需特别指出的是，他特别注重共享。无论是从办企业拿出利润支持村庄建设，还是后来在村里搭建创业平台，都与他的共享理念息息相关。

一、诚信为本

诚信属于道德范畴，是公民的第二个"身份证"，是日常行为的诚实和正式交流的信用的统称。泛指待人处事真诚、老实、讲信用、一诺千金，等等。但一般主要是指两个方面：一是指为人处事真诚诚实，尊重事实，实事求是；二是指信守承诺。诚信是经商之魂，在现代社会，商人在签订合约时，都会期望对方信守合约。

在食不果腹的年代，笃泥鳅曾是花园人谋生方式之一，并在周边村庄出了名。一般在每年端午节后，花园人就开始在大大小小的池塘、水田里讨生活。因为笃泥鳅的人多，往往是越找越远。

有些池塘放了鱼苗，承包主担心笃泥鳅顺带捉了鱼，因而不让人下水。但花园人祖辈有条不成文的规矩，笃泥鳅就是笃泥鳅，绝不会浑水捉鱼。花园人承诺，可以随时检查。

花园人是这么说的，也是这么做的。因而，周边很多地方听说是花园人下水笃泥鳅，都会同意。

邵钦祥小时候就曾随母亲外出笃过泥鳅，谨记祖训，绝不贪小便宜。

经商之后的邵钦祥，始终坚持诚信为本，因而合作客户群体越来越大。

现在，"诚信"这个词，出现的频率很高。"请问你是如何理解和实践'诚信'的？"20世纪90年代，有媒体记者曾这样问他。

邵钦祥说："做人和办企业都一样，诚信最重要。市场经济是信用经济。不讲信誉，不能发展。作为企业家、个人，要么不讲，讲了就要做到，言出必行，行必有果，无论是合同协议，还是口头协议，都要执行，都要讲信用。我从1981年到1994年当厂长期间，连续14年无经济纠纷。"

经营企业40多年来，他深刻体会诚信的重要性，一直谨记诚信为本。比如，2010年开始，建设了红木家具市场，十年间，规模不断扩大。他对商家的核心要求始终没变，那就是一定要讲诚信。因为他知道，水能载舟，亦能覆舟。如果因为某个商家不诚信，存在价格或质量等方面的欺诈，市场将会受到巨大影响、陷入困境。

为了引导商家讲诚信，作为管理方，围绕保护消费者权益出台了一系列措施，并反复强调，从严管理。

经营企业如此，治理村庄更是如此。

时至今日，碰到什么事，花园人都想找邵钦祥解决。重要原因就是邵钦祥一言九鼎，说话算数。

二、以身作则

1954年出生的邵钦祥属马，在生意场上也是一马当先，以身作则。

刚开始创办花园服装厂时，因完全依赖于外聘的供销员跑市场，信息不对称，发往武汉某商场的服装，被对方全部退回。

这次深刻教训让邵钦祥等人明白，一定要自己掌握市场情况。而要了解市场，就得走进市场，得跑市场。

在那个年代，对于没有去过大城市、跑过销售的他们来说，这一切其实是个未知，也意味着风险。

俗话说，穷家富路，居家应节俭，但出门则要多带盘缠，免遭困窘。也就是说，出门在外，有很大的不确定性，尤其是在那个人员流动少、交通不便的年代。

但天生敢闯、不服输的邵钦祥决定，无论如何，先走出去再说。和以往一样，这次，他同样决定先从自己开始。

就这样，当年七八月份，邵钦祥带了一个股东，两人揣着1000元钱，先后去了江苏、山东、山西、河南、河北、北京。他们每人背着三四十公斤的服装样品，一找到商场的服装店就将几十件样品一一展开，向商家推广。

刚开始，他们去过很多店，但鲜有订货者。渐渐地，他们掌握了些规律，推销时也更加从容，开始有商家签订协议。

邵钦祥坐车时经常晕车，有时候还呕吐，非常难受。但想想工厂的境地，想想和他一起创业的伙伴，再思及自己的共富梦想，他硬是强撑了下来。

在他的带领下，服装厂的股东们都开始走南闯北跑市场，花园服装厂生意也越来越好。

早期创业如此，公司做大之后他依然如此。经营公司如此，村庄治理他更是以身作则。

只要不出差，几乎每天早上，邵钦祥都会在村里转上一圈，看看有什么问题需要解决。在路上，如果发现有垃圾，他会下车捡好丢进垃圾桶。在他的带领下，现在在花园村道上很难再见到垃圾。

在外出差，办完事后他总会第一时间回村。他每天6点多从家里出门，10点多回家，几乎雷打不动，节假日也是如此。

作为村党委书记，他要求村干部：个人利益让路集体利益。他是这么说的，更是这么做的，村干部们心服口服，并转化为行动。

有此前提，村里推动相关工作时，老百姓也是积极拥护。有群众直言，听邵书记的肯定没错。

三、重视人才

无论是早期开办工厂"以工富村"，还是今天的乡村振兴，都离不开人才。今天花园村的成就，与邵钦祥非常重视人才建设息息相关。

2020年5月16日，花园村党委书记、花园集团董事长兼总裁邵钦祥为南马高中近500名2020届高三学生授课，通过讲述自身人生奋斗经历以及花园发展变迁,给学生们上了一堂具有深刻教育意义的劝学课,激励学生们从青年做起用知识改变命运,争做一名对国家、对社会有价值、有贡献、有作为、有抱负的新时代好青年。他指出,人才是经济社会发展的第一资源,优秀的人才是实现企业战略目标的基础,是企业持续发展的动力。花园有今天的成就靠的是花园产业的蓬勃发展,靠的是一大批人才作出的努力和贡献。而要想成为人才,就要勤奋学习、善于思考、多多实践,比别人更不怕苦更不怕累。

从创办企业开始,邵钦祥就开始重视人才建设,组建集团后,对人才越来越重视。为了让人才能留下来,早在20世纪90年代,就在村里建起了专家楼,专家楼有一室一厅的,也有两室一厅的,厨卫设施齐全。

之所以这么重视人才,邵钦祥曾表示:"一个企业,产品、市场是最重要的。但我的理解是,不管是产品还是市场,都是靠人去做的,都是要靠人去开拓的。产品再好,没有人才也不可能占领市场。没有人才,合格的产品也生产不出来。科技含量再高,没有技术人才,也不行。所以,我认为,人才是最重要的。人能做到一切,人能掌握一切,人才要储存,要建立人才库。人才比任何东西、任何要素都重要。人才难得啊。所以,我对员工的生活、工作环境都非常重视的。在我们集团公司里,单身大学生分给一套40平方米的住房,夫妻俩同在公司的,可分72平方米住房一套,高层管理人员分给110平方米大套房。空调费报销50%,电视机、电话一律都预装好,员工买一台电脑可获补贴2000元。创造良好的工作、生活环境,目的就是能让他们以厂为家,全心全意为企业工作,为企业服务。"

为了源源不断地给花园村输送技能型人才,1999年,邵钦祥投资3000万元创办东阳市花园职业技术学校,此后还不断追加投资,达5500万元。学校占地面积340余亩,建筑面积3万余平方米,教学设施齐全,有塑胶田径运动场等。

学校分职高部和普高部,职高部现有园艺、建筑、财会、幼师、计算机和木雕共6个专业,在校生1100余人。教学上,学校全面推进素质教育,注重学生实际应用能力的培养,近几年高考、会考和参加各种技能比赛均取得骄人的成绩。学校园艺专业是浙江省重点专业,园艺实训基地是浙江省示范实训基地,是金华市唯一实现全免费教育的龙头专业,在占地280亩的园艺专业实训基地内,建有植物组培室、生化实验室、显微镜操作室、嫁接室、插花室、温室大棚、植物品种园、苗木基地等。学校以强大的花园集团为依托,集团下属企业为学生学习、实训创造优越条件,为学生就业提供有力保障。

近几年,花园村还通过不断引进人才、引进高科技产业项目,调整产业结构和转型升级,持续增强花园村经济社会发展后劲。

浙江花园生物高科股份有限公司引进的钱国平博士（现任副总经理、研发中心副主任）是化工方面的专家。自2004年以来,公司研发团队在钱国平带领下,不断取得研发成果,并使公司产品链不断延长,为打造花园生物公司增长极作出了积极贡献。这些年,钱国平参与研发的成果先后荣获浙江省科技成果转化奖一等奖、浙江省科技进步一等奖、国家技术发明二等奖。

2018年10月,花园村专门出台《关于引进高级人才落户花园村相关政策的通知》,在强调实施乡村振兴战略以及企业持续创新发展需要发挥人才优势的同时,就引才、聚才、育才等设立相关福利政策,以吸引、留住、培养更多高级人才,最大限度激发人才创新、创造、创业活力。

根据花园村的人才新政,符合条件人员可以落户享受村民福利待遇,村里每年发放1万元至6万元不等的奖金,还能领到花园集团发放的30万元至60万元不等的人才购房券,甚至安排300平方米以上的别墅一幢。

2019年初,花园村首次对80多名各类高级人才进行奖励,同时也公布了第一批花园新村民名单,标志着村里发布的人才新政正式落地,开始实施。

2020年春节前夕,花园村为119名符合享受高级人才奖励政策的正高级专业技术职称人才、博士研究生、其他各类高级专业技术职称人才、硕士研究生、"双一流"高校本科生发放奖金185万元,进一步实施人才强村以聚智助推乡村振兴战略深入实施。

"人才是经济社会发展的第一资源,抓人才就是抓发展,强人才就是强实力,没有人才优势就不可能有发展优势、创新优势、产业优势,要深入实施乡村振兴战略,花园必须坚持人才优先发展,聚天下英才而用之。"邵钦祥表示,花园村有今天的成就,靠的是花园集团产业的发展,而产业的发展靠的是一大批人才作出的努力和贡献。

从2020年开始,人才新政的有关年限还进行了调整,进一步放宽了享受条件。

花园铜业公司总经理魏锦是研究员,领到花园村发放的6万元奖励。多年来,他把企业打造成"中国铜板带材十强企业"和"中国铜棒（排）

材十强企业",成为亚洲生产精制铜板带最宽的生产企业,并荣获"浙江省工业大奖银奖"和"东阳市市长质量奖"等,是花园村内营收最多的企业。

"有花园村和花园集团创造的平台,才让科学技术能有的放矢,才让专家教授有用武之地。"魏锦深有感触地说。

花园人才政策吸引了一大批人才落户,为当地发展注入强劲动力。

花园建达房产公司总经理蒋国成就是其中一位,他是高级工程师,把户口迁到了花园村,享受着花园村人才新政的各项优惠政策。比如,2020年又领到了花园村发放的2万元奖励,在村里购买了一套商品房,享受到了花园集团发放的50万元人才购房券。

"花园要实施更积极、更开放、更有效的人才政策,落实高技术人才各项优惠政策,完善人才服务保障体系,营造尊才爱才惜才的人才发展环境,以引进和培养一批科技领军人才和高水平创新团队。"邵钦祥说。不仅如此,2020年1月初,花园村还发布通知指出,凡是在村内有建住宅、厂房,同时落户花园村的外来人员,给予享受村民同等待遇,致力于吸引更多人共享花园发展成果。

"自20世纪90年代以来,花园村就很重视人才引进工作,并通过不断引进高科技人才和技术,实现科技兴村。"花园村总工会常务副主席姜伟华说。

"花园村不仅有很好的创业平台,在这里工作生活幸福指数也很高。"已在花园村工作10多年的蒋国成如此表示。

近几年,花园村不断完善人才优惠、奖励政策,并每年召开表彰大会,对有突出贡献的人才进行表彰和奖励,还每年召开一次引进高级人才座谈会。对特殊人才和急需人才,花园村则结合用人单位需求,实行一人一策。

"现在花园村的人才不少。"姜伟华如数家珍,有"浙江省151人才工程"1人,"金华市321人才工程"7人,"金华市双龙计划"3人,东阳市拔尖人才3人;有正高职称6人、副高职称55人;另有博士4人、硕士47人、"双一流"大学毕业生8人。

四、关爱员工

不仅是引才,花园村更是通过关爱员工及出台了系列措施稳才。

《花园报》总编辑王江红并不是花园人，大学毕业就来到了花园村，一待就是10多年，从普遍编辑记者做起，做到主编、总编辑。

在花园村不断成长，他经常得到邵钦祥的指导与鼓励。在王江红的印象中，邵钦祥对员工关爱有加。

有一件事，王江红记忆深刻。

当年，在筹备婚礼时，王江红选择在花园大厦举办。但预订的日子刚好与集团下属公司重要活动冲突，公司活动集团领导肯定要参加，而王江江自然也特别希望邵钦祥能出席自己的婚宴，这样自己更有面子。

怎么办？一时之间，王江红陷入了两难。因为婚宴的日子已经通知亲朋好友，再改不合适。而不改，很可能老总出席不了，照惯例肯定是先公后私。

邵钦祥知道这事后，决定让下属公司活动往后推迟一天，把花园大厦的宴会厅腾出来给王江红办婚宴。

婚宴当天，王江红发现，老总始终满面微笑，还破例抽了几支烟。在王江红看来，这是老总对他这样的普遍员工最大的关爱。

据了解，为了让在花园村创业就业的所有人才和外来人员安心工作，花园村于2017年12月成立了浙江省首家村级总工会，目前花园村总工会已在全村建立基层工会组织31家，其中单建工会17家、联合工会14家，工会会员总数近1.3万人。

近几年，花园村总工会积极配合村里做好人才服务工作和美丽乡村建设工作。

为了解决人才子女就学问题，花园村与浙江师范大学合作，办起了浙江师范大学附属东阳花园外国语学校。学校总投资7亿元，总占地面积341亩，是从幼儿园到高中16年一贯制学校，已为许多外来人才解决了子女入学的后顾之忧。

花园村还通过建设可拎包入住的单身公寓、套房等，解决外来人才的居住问题。此外，村里还以二级甲等标准建设了拥有520张床位的花园田氏医院；建了集住宅、购物、餐饮、娱乐、健身、休闲于一体的花园商业中心，以及省三星级花园粮油商贸城、四星级花园大厦、服装一条街、饮食一条街等，并对村中心的吉祥湖进行了改造，以国际五星级酒店标准建造的花园雷迪森大世界也已开业。

这当中，村总工会积极配合村里做好道路硬化、路灯亮化、生态绿化、卫生洁化、饮水净化、环境美化等工作。2019年6月，花园村建成了占地1500平方米、拥有各类健身器材的职工活动中心,以"村民比市民富、村容比城市美、生活品质比城市高,田园风光与城市文明高度融合"的良好环境留住人才。

为稳定骨干,花园集团还举办中高层干部家属联谊会,目前已举办了16次。

最近的一次是在2019年12月28日。当天,花园集团举办了中高层干部家属元旦联谊会,大家从全国各地赶来齐聚中国十大国际名村之一的花园村,游览花园,喜看变化;参加座谈,聆听发展;共进晚宴,感受幸福,一起度过一段美好时光。

来到花园村,家属们仔细看,认真听,开心聊,身临其境感受花园发展速度,不禁为花园的日新月异而充满自豪。第一次走进花园的家属们,用心感受着花园村企透出的无穷魅力,而多次来过花园的家属们,则尽情寻找着花园这两年的巨大变化。

"农村也有五星级酒店!""红木市场这么大,买家具就不用愁了!""花园外国语学校名气越来越大!""原来花园新能源公司的产品可以用到电动汽车上,真是了不起!"其间,家属们不断传来赞叹声,无不表达了自己家人能在花园上班而倍感骄傲。

座谈会上,邵钦祥向家属们一直以来关心支持花园事业发展表示衷心感谢,并介绍了过去两年花园重大项目和重大事件等。他指出,花园如今已实现经济发展高质量、农村建设高质量、村民生活高质量、社会和谐高质量,这些成就是靠花园一班人艰苦奋斗出来的,是因为有家属们在背后默默支持、付出与理解,花园军功章上也有家属们的一半,希望家属们能与自己家人一起继续携手同行,为花园绘就出更加绚丽多彩的美丽画卷。

五、构建学习型组织

邵钦祥只读到小学毕业,但他深知知识的重要性,在社会大学里,他边实践、边学习。创办工厂后,他又特别重视团队的学习。

2019年12月20日晚,花园集团在花园会展中心召开花园大学成立大会,标志着为花园高质量发展培养高素质队伍的花园内部管理大学正式成立。

2019年7月,花园集团组织骨干力量到全球知名企业华为公司学习考察，大家亲身体验到华为大学的作用和功效，都受到很大的触动与启发。为此，花园集团领导班子经过多次研究，决定创办一所具有花园特色的村企联办大学。当年9月，花园集团下发了《关于创办花园大学的总体方案》，共涉及花园大学的办学宗旨、办学目标、主要任务、教学方式和组织实施等九大方面。

邵钦祥指出，成立花园大学，是花园实施高质量发展的需要，是花园企业管理水平提升的需要，是花园人综合素质提升的需要，是花园乡村振兴综合改革试点的需要。花园大学既是一所花园集团的企业大学，也是一所花园村的村民学校，旨在进一步弘扬花园精神、展示花园形象、传承花园文化，通过开展优质务实的培训教学，着力打造学习型企业和学习型乡村，全面提升员工村民专业能力和综合水平，以全力服务花园健康快速可持续发展。

邵钦祥要求，花园大学领导班子和全体教职员工，一定要认真履行职责，担起责任、挑起重担，集中精力抓教学，把办好花园大学作为一项重要工作来抓，各有关部门和单位也要大力支持配合花园大学教学管理工作。同时，花园大学要突出教书育人理念，加强教学制度建设和教学管理，狠抓教学质量；周密制订教学计划，精心组织实施，按时按质完成教学任务；加强师资队伍建设，努力提高教学水平；加强督导考核，压实教学责任。

邵钦祥还希望，通过创建花园大学，建立起文化培训、入职培训、技术培训、管理培训全覆盖，以及内部培训与外部培训相结合的全面培训体系，并着重开发形成花园特色的内部培训系列课程；建立集中授课学习与网络教学平台的教学方法，实行线上学习与线下学习相结合、集中学习与自主学习相结合、统一组织与单位实施相结合、理论教学与实践教学相结合的教学方式，致力把花园集团打造成学习型的企业，把花园村打造成学习型乡村。同时，通过积极开拓学习资源和平台载体，开展各类教学活动、科技活动、学习竞赛评比活动，营造浓厚的学习氛围，激发广大村民和员工的学习积极性和创新精神，有效提高村民和员工素质、能力与水平。

成立大会上，花园集团副总裁、花园大学常务副校长马文德以《心系花园，行为花园》为题进行宣讲，认为花园办内部管理大学，可谓与时俱进，非常及时，十分正确。他通过宣讲自身人生成长经历以及与花园27年共奋斗的故事，阐述了花园人要有家国情怀，要为花园想，要为花园干，要全心全意为花园服务，同时号召花园年轻一代，要有抱负，要有担当，紧跟时代步伐，听党话，跟党走，勠力同心，锐意进取，致力把花园建设得更富、更美、更强。

六、注重共享

进入移动互联网时代后，"共享"一词很火。

2017年12月12日下午，《咬文嚼字》评出了2017年度十大流行语，"共享"位列其中。入选理由：共享是共享经济中的核心理念，强调物品的使用权而非所有权。共享经济是公众将闲置资源通过社会化平台与他人共享，进而获得收入的经济现象。2016年，共享单车的兴起将共享的概念带入了人们的视野。2017年，共享经济更加发展壮大起来，涉及行业不断增加，规模不断扩大。共享单车、共享汽车、共享雨伞、共享充电宝……种种创新发挥着人们的想象力，同时也是对社会闲散资源进行合理利用的尝试。

2018年5月29日，教育部发布的《中国语言生活状况报告（2018）》显示：在过去的2017年里，共诞生了242条新词汇，其中"共享"一词最受青睐。

其实，早在30多年前，邵钦祥就特别注重"共享"。

"一家富不算富，大家富才是富。"这是邵钦祥的座右铭，早年创办花园服装厂时，他一方面拿出利润用于村庄建设；另一方面，跟村民分享办厂心得。

早期办企业，一些股东相继离开单干，邵钦祥给予全力支持。正是在他的带领下，在20世纪80年代，村里办起了几十家工厂、作坊。

在第一次并村前，花园村集体没钱，村干部出差、办事等花销全在花园集团报销。

2004年，花园村已经是金华有名的富裕村，村民们觉得守着安乐窝很好，但邵钦祥积极参与并村行动。

这时他的座右铭内容增加了"一村富不算富，村村富是真富"。他要将花园新农村建设成果共享给更多的村民，这自然会遭到原花园村民的反对，他反复做工作，最终得以实现"1+9"并村。

经过十多年发展，花园村又和周边9个村庄实行了第二次并村。于是，有了今天的大花园。在新的花园村，所有村民福利一样。为了充分调动村民积极性，采取基本生活集体管，致富靠自己。但村里为村民构建了致富平台、提供了致富机会，比如花园红木家具全产业链。

30多年来，邵钦祥的共享理念内涵越来越丰富，外延越来越广。而正是如此，才赢得了客户信任，凝聚了人心。

七、邵钦祥箴言

1. 守信念

"要敢试、敢闯，把经济搞上去，让村民的口袋鼓起来。"

"困难再大，建设新农村的步伐不能停！"

"我是属马的，我要马不停蹄建设和谐大花园，让更多的村民富起来！"

"建设社会主义新农村是我一生的追求，带领村民实现富裕是我一生的追求。"

2. 讲奉献

"当村干部要有奉献精神，要公平、公正、公开。"

"建设新农村，要牺牲一代人的个人利益，要辛苦一代人。"

"一家富不算富，大家富才是富。"

"幸福不会从天降。回报社会，回报乡亲，建设大花园，是我的心愿，也是我的事业，我无怨无悔，不会改变。"

3. 有能力

"我个人的力量是有限的，建设和谐花园，要依靠村党委一班人和广大村民！"

"'农'字不等于只抓粮食，'村'字并不意味着圈定自己一辈子就刨这一片土地。"

"花园发展的出发点和落脚点就是体现在富民、惠民、安民上，就是要以工业的大投入、大发展，推进全民创业，提高花园人的富裕程度，提升花园可持续发展的能力。"

4. 重品行

"党员干部要讲党性、讲政治、讲品德。"

"要求群众做到的,党员干部先做到;困难的事,党员带头做到;有利益的事,群众先享受。"

"幸福的生活,要靠勤劳的双手,花园人都要树立主动就业、勤劳致富、劳动光荣的价值观和人生观。"

5. 爱家乡

"以花园为公。"

"全心全意为花园服务。"

"花园发展就是硬道理。"

"花园是生我养我的地方,虽然我现在有点钱了,但我永远是农民的儿子。我办企业的目的就是要让花园村改变落后的面貌,要让花园村民过上好日子!"

6. 谋发展

"靠不了农业,就要靠工业商业服务业。而花园发展就是要以新农村建设为平台来推进全民创业,进而提高花园人的富裕程度,从根本上解决农民的经济来源问题。"

第十七章
花园村成功之奥秘

从浙中一个资源贫瘠、吃不饱饭、交通闭塞的小村，通过近40年发展，成为今天的"中国十大名村"，村内产业兴旺、生态宜居、村民生活富裕、村庄治理有效、乡风文明。

近年来，越来越多的地方前往花园村考察学习，越来越多的媒体和专家关注花园模式……

花园村成功的奥秘究竟是什么？这可能是每一个前往花园村考察的人力求找寻到的答案。对于这个问题，专家也有过相关点评，但要解读透彻一个村庄的兴旺本身是一件比较困难的事情，可能众说纷纭。

通过调研、采访，研读创刊20多年的《花园报》及关于花园村的书籍、新闻报道，可以较为清晰地发现，花园村成功的奥秘与"有个好班长""找对了好路子""构建了好机制""抢抓了发展机遇""激发了村民内生动力"等息息相关。

一、有个好班长

无论是宏大的乡村振兴还是具象的村庄治理，都需要有个好班子。而一个班子能否建好，领头雁至关重要。

提及中国十大名村，第一个会想到的就是华西村。1961年建村的华西村，也曾是江苏江阴有名的贫困村。地薄队穷人心散，是当时村庄的真实写照。在老书记吴仁宝的带领下，华西村从一个贫困村一步步发展为令人羡慕的"天下第一村"。

很多人前往华西村，考察完不禁感叹："我们那里山好、水好，就是缺个吴仁宝。"这从某种意义上正是说明带头人的重要性。

陕西省黄龙县委组织部薛文君在一篇学习感悟中这样写道：吴仁宝是一个善于研究政策的好带头人，他坚持天天听收音机，了解国家最新政策；他是一个实事求是的好带头人，推行家庭联产承包责任制时他没有跟风，而是根据华西村实际，带领全村村民填沟造田，提高生产力，建电站、修水渠、"暗中"办起了小五金厂，为村集体经济发展积累了第一桶金；他是一个信仰坚定的好带头人，他在1981年自愿放弃江阴县委书记职务，义无反顾地把青春奉献给华西。

火车跑得快，全靠车头带。华西村是这样，花园村也是如此。

因为实在是太穷，年轻时，邵钦祥就尝试过很多办法改变，但围绕传统农业收效甚微。

早期创业稍有起色后，邵钦祥就有了"求共富"想法，他认为"一个人不算富，大家富了才算富"。

渐渐地这个想法越来越强烈，邵钦祥是这么说的，也是这么做的。担任村支部副书记时，他带领几个村民先后创办了蜡烛作坊和服装厂，通过开办工厂，改变了贫穷面貌。同时，安排了村民就业。最主要的是，给村民带来了希望。身边的案例，改变了村民的想法，农民不是只能在土地里刨食。

1986年担任村支书以来，邵钦祥一方面积极探路办好工厂，尽自己最大努力，每年从办厂收入中拿出一部分捐给村里，改善村内公共设施；另一方面，想方设法构建一个好班子。

要构建好班子，自然得把村民认可的"能人"选出来，但这并非易事，尤其是在30多年前。

刚开始，花园村也有派系，邵钦祥申请入党时第一次就没通过，原因就是有个"小集体"担心会受影响。邵钦祥担任村支书后，深知要搭建好班子，一定要消除派系，选人看能耐。此前投反对票的村干部曾担心遭邵钦祥报复，未曾想到，邵钦祥非常明确地告诉他对事不对人，因此还成就了一段紧密合作的佳话。

在农村，村干部选举受人情、金钱等多重因素影响。特别是改革开放后，经济发达地区一些农村还曾出现贿选。

投票"发点零花钱"，开会"开点工资"，甚至送钱送东西拉票，在一些地方屡禁不止。之所以要贿选，有些就是瞄着当选后能获利。比如，一些城市近郊村，在拆迁方面存在巨大利益，一些村干部能中饱私囊。

通过这种方式选出来的村干部私心重，怎么可能为村庄谋发展？怎么可能服务好村民？

也有村民对选举不太感兴趣，一些候选人给予小恩小惠，比如发百八十元钱，给包烟等。尽管是小利益，但会影响村民选举的公正性，自然难以将能人选出来。

邵钦祥看得透彻，深知其中利害关系。因此，他明确提出，村支两委选举严禁贿选。多年来，花园村每届党委和党支部换届选举，从不拉票，也不贿选，干部都能全票或高票当选。

这些在老花园村时早已成为习惯，2004年第一次并村后选举，有个别村庄村民还不习惯。以前投票发钱发物，但那次投票严禁贿选。

老花园村早已没了这种陋习，因此当时邵钦祥"新官上任"就宣布：10个自然村范围内选举不拉票、投票不发钱。

新当选的村两委明确"一年一变样，三年大变样"，果不其然，几年后村庄大变样。群众的眼睛是雪亮的，少了小恩小惠，但得了大利。

从那以后，花园村再举行选举，对于新村民来说，也已习惯。

2017年上半年是花园村最近一次换届选举，也是第二次并村后首次选举。当年5月4日，邵君伟等7名村委会成员投票结果出炉，标志着东阳市南马镇花园村圆满完成村级组织换届选举工作。此次选举产生的新一届村党委、村民委员会以及纪委班子成员均全票当选，为花园村迈向"世界名村"和"世界强村"夯实了更加坚实的组织基础。

为做好此次村级组织换届，花园村结合实际情况，做到规范选举程序，一环扣一环，逐项落实，增强了换届选举的严肃性。与此同时，花园村继续坚持公正、公平、公开的原则，严肃换届纪律，保证了整个选举的顺利进行。严格按法律、法规的程序进行选举，做到程序严谨规范、公开透明，保证选举合法合理化。

正是有了这些作为前提，选举公开透明，才选出了能人、搭建了好班子。

以邵钦祥为班长的花园村党委讲政治、讲团结、讲务实、讲正气，坚持"公正、公平、公开"办事原则，开会不计报酬，工作不发工资，全心全意为广大村民群众谋利益并实现了全民创业和全面创新，使花园村成为了30多年来"矛盾零上交、纠纷零出村、村民零上访"的全国文明村。

二、找对了好路子

选对了好的带头人是前提,要发展自然还得有好路子。

乡村振兴的模式很多,每一个成功案例的背后,都是因地制宜。

城郊村,尤其是背靠一线城市的农村,可以依靠良好的生态环境发展乡村旅游,通过旅游带动餐饮等产业发展。有了客流量,村庄农产品有了市场,通过销售特色农产品又能增加村民收入。

远离城市的农村,有的依靠周边景区招牌及优美的环境,发展旅游,搞民宿等;也有做好特色农产品的,使之成为一个富民产业,实现村庄腾飞。

在北京怀柔慕田峪长城脚下有个北沟村,曾集体欠账80多万元,村民人均年收入不足5000元。但近年却发展迅速,通过大力发展乡村游,成为一颗耀眼的乡村明星。

2017年,在四川攀枝花市仁和区大龙潭乡混撒拉村,村内几乎家家户户都住上了小洋楼。很难想象,这里曾是一个靠救济过日子的山区贫困村。

改变这个村庄面貌的是芒果产业。2017年,全村400多户都种芒果,产值达到4800万元,人均年收入2万元。

"要能在荒山上种出芒果,我用手掌煎鱼给你吃。"20多年前,当村支书倡导在村里荒山种植芒果时,有村民发出这样的"嘲讽"。在村干部的带领及示范下,这里成了四川省有名的"芒果村"及全国文明村。

走进浙江省湖州市长兴县煤山镇新川村,洋楼、别墅依山而建,鳞次栉比,无不彰显这个村庄的富足。村民把功劳归于村党总支书记张天任,张天任是十三届全国人大代表、天能集团董事长。

正是在他手里,当年难以为继的村办小厂,如今成为新能源动力电池大型企业集团。随着企业的壮大,安排村民就业能力越来越强,村里60%的劳动力在天能上班。为了更好地帮助村里发展,张天任主导天能集团和新川村建立了村企共建制度。制度包括天能集团努力为结对村解决劳动力就业问题;新川村及时为企业提供人力资源信息,实现村民"就业不离土、安居不离乡"。

天能集团还充分发挥企业在资金、技术、人才和信息等方面的优势,携手新川村积极开展经济、文化、环境等共建活动。除为村解决资金等实际问题外，还积极支持参与村里公益事业，有效实现以企促村。

在张天任的带领下，参与村级建设的村民越来越多。甚至连外出多年，在他乡工作生活的"年轻一代"也深受感召，主动登门捐款，为新川村的建设贡献一份力量。

新川村通过村企共建、安排村民就业及引领乡贤参与等实现了村民生活富裕，村庄生态优美。在此基础上，近年来，新川村通过发展绿色产业实现乡村振兴，在一批以天能集团为龙头的企业带动下，新能源电池产业、竹制品工业、茶叶种植业等特色产业发展起来，村里还建起了精品民宿，发力乡村旅游。新川村逐渐走出了一条生态优、百姓富、环境美的绿色发展新路子。

翻看浙江地图，东阳市南马镇花园村，不过是浙中丘陵上的普通一点。

因为资源太贫瘠，花园村祖祖辈辈尽管很努力，穷尽了所有的办法，仍然很难维持生计，更不用说致富了。

花园村有山，但却难以满足村民烧水做饭用柴的需求。花园村缺水，种田靠天吃饭，碰上天旱，生活用水都得去隔壁马府村挑。尽管地处浙中腹地，但当年花园村通往外界也只有一条田埂路。20世纪70年代，村里好不容易买了台手扶拖拉机，却因为路太窄难以进村。

在创办工厂前，邵钦祥也努力在农业生产方面做了很多尝试，比如从几公里外的水库通过三级电站、水渠引水到花园村，解决了农业生产灌溉用水，增加了水田收成，但仅解决了温饱问题。在经济作物种植方面也做了很多尝试，但都是小打小闹，未成规模。

创办蜡烛作坊让邵钦祥认识到，要改变花园村的面貌，在花园村搞农业没有出路，一定要"以工富农"。服装厂的成功，更让他坚定地走上了这条路。在他的带领下，一批花园人办起了工厂，腰包也渐渐鼓了起来。

毫无疑问，"以工富农"是适合花园村的一条好路子。

村内企业发展到一定阶段后，邵钦祥又审时度势，将村内企业实行了大联合，依靠规模、质量赢得市场青睐，实现了大跨越、大发展。

同时，实行村企合一，两块牌子一套人马。这样做的好处是把企业利益和村庄捆绑在一起，企业不断反哺村庄。当年能办企业的相对来说都是村里的能人，通过这种方式也实现了能人治村。

随着花园集团越来越强大，花园村硬件设施越来越好，一改过去低矮瓦房、污水横流的形象，花园村也渐渐像个花园了。

一方面，花园集团越来越大，村内工厂越来越多，空间显得局促，难以腾挪；另一方面，周边村庄发展缓慢，与花园村差距越来越大，当地政府希望能通过花园村带动发展。

这对花园村是责任，同样也是发展机遇。村庄合并，通过新农村改造，腾挪出的空间利于"以工富农"更进一步。

2004年，东阳进行行政区划调整，花园村和周边9村合并成新的花园村，面积扩大为原来的5倍。

花园村把握了这一发展机遇，实行村庄统一规划，新老花园村民统一待遇，适时规划发展了红木家具市场等。红木家具市场给花园村带来了巨大的客流，村民有了更多的创业和就业机会。村民临街房子租金也水涨船高，收益稳定可观。

可以说，红木家具产业是村集体搭台、全民创业致富的重要途径。

2017年，花园村迎来第二次并村，还是"1+9"模式。人口增多，空间变大，花园村选择什么路子继续发展呢？在"以工富农"的基础上，花园村强化了商贸服务、旅游业，进而实现"以商兴村"。一方面，延伸红木家具产业链，不断扩大市场规模；另一方面，在村内建设了五星级酒店，通过标志性建筑及良好的生态环境发力文旅产业。

回溯改革开放以来，花园村近40年发展史，在"以工富农、以商兴村"大战略下，每一步都走得稳当，走出了特色。

三、激发了村民内生动力

有个好班子，找对了好路子，要实现长期发展，还得有个好机制。

多年前，花园人福利就很好，基本生活物资都是村里发，住房不愁，生活无忧。但那时，在花园村，就有一句话让每个人记忆犹新。那就是"生活靠集体，致富靠自己"。

正是后半句，让花园人并没有躺在享受的温床上，而是不懈奋斗。

和邵钦祥曾是邻居、渴望过上好日子的村民邵清君深谙其道，选择了后者。

邵清君初中毕业就南下广东深圳在红木家具厂做油漆工，打拼数年后回到花园。2008年，恰逢花园村大力推动红木产业发展，他便在家门口设厂搞起自产自销，后来又在花园红木家具城租了商铺，经营红木家具。如今，企业员工数十人，产值过千万。

和邵清君一样依靠红木家具产业致富的花园人很多，红木家具产业从业者已成为花园村全民创业致富的主力军。

各类专业市场和专业街的建立、红木家具产业链的形成以及农业技术能力的培训，都为村民以及外来人员创业提供了便利。无论是村民，还是外来人员，租房屋、开饭店、办企业、闯市场、搞运输、做物流……一股浓浓的全民创业氛围弥漫在整个花园。

截至2019年底，花园村拥有个私工商户达3768家，是金华市首个且唯一的税收超3亿元村，更是出现了一批千万富翁和亿万富翁，使花园村创造了村民"家产500万元以下是贫困户，1000万元刚起步，5000万元才算富，1个亿以上才是富裕户"的奇迹。

近年来，"生活靠集体、致富靠自己"模式不断提升，那就是让村集体在村民创富中发挥更大的"助推器"作用，形成"大众创业、万众创新"和"村集体创造环境和服务，村民创造实业和财富"的"两创"花园新模式。

四、坚持绿色发展

习近平总书记强调，我们既要绿水青山，也要金山银山。宁要绿水青山，不要金山银山，而且绿水青山就是金山银山。这些平实而又生动的语言，深刻诠释了人类与自然、生产与生态、发展与保护等重大关系的丰富内涵。

党的十九大报告指出："坚持人与自然和谐共生。建设生态文明是中华民族永续发展的千年大计。"这一要求也为转变农业发展方式，促进产业转型升级，全面推进农业供给侧结构性改革指明了行动方向，确立了基本遵循。我们要深刻理解农业绿色发展的深刻要义和时代特征，明确支持农业绿色发展的重大政策和战略举措，加快培育和形成农业绿色生产方式与农村绿色生活方式。

改革开放后，在浙江等地，诞生了很多乡镇企业、民营企业。因顺应了时代的潮流，这些乡镇企业曾获得高速发展，很多村民因此快速致富。

但这些企业普遍技术含量不高，多集中在砖瓦、水泥、纺织、服装等领域，有些甚至是高能耗高污染的典型。数年以后，一批批企业因为技术含量不高被市场淘汰，众多乡镇、河流被污染。

钱塘江是浙江的母亲河，浦江县境内的浦阳江是钱塘江的重要支流之一，串起浦江、诸暨和萧山三地，其中浦江居上游。

作为赫赫有名的水晶之都，浦江县境内水晶作坊众多，高峰时期近1.5万家。小作坊对应的则是散乱无序，污染严重。此前，乳白色的工业废水从一条条小溪汇入浦阳江，最终形成一条"五彩斑斓"的河流。

后来，浦江县成为浙江打响治水"发令枪"的所在地，成为"全省治污治水的样本，为浙江全省的治污治水工作提供可学可看的借鉴"。

20世纪90年代初，花园村企业达到几十家，也面临环境问题。邵钦祥意识到这样发展下去不是条好路子，结合其他影响，他审时度势，将自己创办的8家企业和村里另外46家企业合并成花园工业公司。统一之后，在发展方向上，花园集团坚持绿色发展，发力高科技，逐步淘汰高污染项目。

如今，花园村也有药业公司和铜业公司，但这些企业全集中在产业的高端领域。

同时，花园集团非常重视污水处理，很早以前就投入巨资建好了污水处理设施，并将村内所有村民生活污水接入处理。

"既要金山银山，又要绿地清水，但这还不够，花园村人追求的是生态平衡、人与自然的和谐。"邵钦祥如是说。

2001年，花园集团投入600多万元建起了污水处理厂，还把收集污水的管道铺到了每家每户，所有村民排放的生活污水都由集团免费收集、处理。据悉，这个污水处理厂，开了浙江省村级生活污废水综合治理的先河。

五、实现了产村融合

今天的花园村与一般意义上的农村存在很大差别，综合来看，它更像一座小城。

建筑面积达26万平方米的商业综合体内超市、品牌服饰、餐饮、影院、娱乐等各类配套一应俱全。其中，花园国际影城排片数位居东阳市前列，经常一票难求。

近年来，花园村每年都投入数十亿元完善城市配套设施。目前，村内已建成16年一贯制的现代化花园外国语学校，以二级甲等标准建设的花园田氏医院、养老中心、商业综合体、剧院、以五星级标准建设的酒店、花园游乐园、农业旅游基地、红木家具城以及一大批现代化商住楼房，形成了服装、建材、餐饮、休闲等专业街区，吸引了工农中建等七家金融机构入住村内，村民都住进了统一规划的现代化住宅。

第十七章 花园村成功之奥秘

今天的花园村，更像一座小城

但行政体系里，花园还是个村，花园村在规划建设过程中特别注重产城融合，一、二、三产业融合发展。

过去，工业是花园村的主体，从花园服装厂开端，到花园村工业公司，再到花园集团，花园工业越来越强，村内基础设施不断改善，公共服务不断完善。二产工业发展到一定阶段后，花园重启农业，只不过已不是传统意义的农业，而是观光农业，注重一产和三产融合。

花园村自2005年开始建设生态农业园，发展生态休闲观光游。二次并村后区块调整，再扩大产业规模，且融入高端民宿、真人CS等。

近年来，花园村实施乡村产权"清"、田园产业"绿"、农民增收"富"、农旅融合"紧"等升级行动，创造有吸引力的环境、能引领的平台，让村民在家门口创业、增收。除了花园生态农业园新区块项目，乡村美丽经济发展项目、培育多元新型经营主体项目等都已展开，打造了一批特色街区、DIY手工坊，鼓励农民以土地、劳动、技术、产品等为纽带，组建专业合作社，拓展特色经营多样化。

再结合以红木家具产业为代表的商贸及旅游业，花园村一、二、三产业完善，相互融合发展。

第十八章
花园启示录

法国大作家凡尔纳曾在他的小说中幻想一个无与伦比的花园：绽放的花朵用真金白玉刻画，苍翠的树木用翡翠玛瑙雕琢。

但那种"花园"只存在于幻想小说之中，可望而不可即，然而，今日的花园村却因产业兴旺、生态宜居和生活富裕等，令人向往。做个花园人，成为很多人努力奋斗的目标。

从一个资源贫瘠的穷山村到令人向往的"花园村"，花园村乡村振兴之路到底能给我们什么启示？

2018年，中共中央国务院印发《乡村振兴战略规划（2018—2022年）》，全面阐述实施乡村振兴战略的重大意义、总体要求、目标任务、工作重点，描绘实现乡村振兴的宏伟蓝图。推动乡村产业振兴、人才振兴、文化振兴、生态振兴、组织振兴（以下简称乡村"五大振兴"），是贯穿其中的一根红线。

再回过头来看花园村的乡村振兴之路，有诸多重合之处。

一、人的因素很关键

人才振兴是乡村振兴的关键所在。推动乡村振兴，必须培养造就一支强大的人才队伍，切实解决农村缺人手、少人才、留不住人等问题，凝聚乡村发展人气。

从花园村近40年的发展历程，可以清晰地看到，带头人邵钦祥起了非常关键的作用。

第十八章　花园启示录

在土里刨食，极其辛苦而收获甚微，邵钦祥冥思苦想，注意村外的一举一动，及时带头创办了蜡烛作坊，并在当年就实现了盈利。尽管只是一个小小的蜡烛作坊，却点燃了贫困的花园村脱贫致富的梦想。

此后，邵钦祥又创办了真正意义上的工厂，即花园服装厂，历经市场磨炼，大获成功，成功带领村里一批人办厂。

改革开放初期，农村大多交通不便、信息闭塞，绝大部分农民选择在一亩三分地上劳作，日出而作，日落而息，维持基本温饱。

花园村也是如此，且因为地少且资源贫瘠，他们在地里刨食更难。这时，邵钦祥凭借超前的眼光、过人的勇气，成为村里第一个吃螃蟹的人，敏锐地把握了机会办工厂。

更为难得的是，创办企业挣到钱后，邵钦祥首先想到的是怎么帮助村民脱贫致富，不仅仅是言传身教，还每年从企业利润中拿出一部分用于改善村庄建设。正是在他慷慨解囊、锲而不舍、几十年如一日的投入下，花园村硬件条件得到明显改善，发生了翻天覆地的变化。

改革开放之初，我国分配领域"大锅饭"和平均主义现象严重，极大地影响了人们的积极性和创造性。如何打破大锅饭，选择何种分配方式，是改革所不可避免要回答的问题。对此，邓小平同志曾在不同场合多次提出要让一部分人先富起来，先富带动后富，最终实现共同富裕。

邵钦祥从创办企业之初，想的就是如何带领花园人实现共同富裕。而要实现共同富裕，需要带头人既有这个能力，同时又能战胜自我，有奉献精神，邵钦祥显然完全符合。

调研发现，大凡发展好的村庄，都有一个能人，这个人既是致富能人，又是带头人。相对来说，做个致富能人比带头人容易，致富能人只需考虑自己如何发展好，而做带头人，意味着要付出更多。

在武陵山腹地，湖南省湘西自治州古丈县有一个叫牛角山的村庄。这里坡高路陡，因山形酷似两只巨大的牛角而得名。

牛角山村曾是一个"老、少、边、穷"的纯苗族聚居村，全村1306人313户，8个村民小组，5个自然寨。以前，这里是有名的贫困村。以往关于这个村落的故事，总是围绕平均5户一光棍展开。

50多岁的龙献文，是牛角山村土生土长的农民。一头卷发桀骜不驯，如同雄狮。一双黑眼明亮犀利，如同老鹰。

早年的他在外闯荡，当过厂长摆过摊，跑过运输包过工，相对当地来说也赚了不少钱。因为勤劳肯干、豪爽诚信，龙献文拥有默戎工程队、龙鼻加油站、丰源公司等 3 家私营企业，总资产过千万。

1994 年，他不顾家人的反对，回到牛角山村担任村主任。1998 年，村民选他做村支部书记。牛角山村从此进入拐点，开始弯道超车。

"大家没有富起来，我一个人致富感到内疚！" 2008 年春节刚过，龙献文就召开全村党员干部大会，宣布："从今天开始，我哪儿也不去了，带着大家一起干，让大家都富起来！"

在他的带领下，"产业兴村、文化活村、旅游富村、经济强村"，穷村不仅脱了贫，还成了远近闻名的乡村振兴典范。

不难看出，龙献文与邵钦祥具有很多共同特质，干了很多类似的事情，比如经商赚了钱是能人，乐于奉献带领村民共同致富。

类似这样的案例很多，尤为重要的是，在邵钦祥的领导下，花园组建了一个强大、乐于奉献的村两委班子，越来越多的人致富之后帮助他人，从一个人到一群人。

正是在他们的带领下，花园村发生了翻天覆地的变化，且保持活力不断发展。

二、要找对发展路径

产业振兴是乡村振兴的物质基础，事关提供乡村就业机会和拓宽农民增收渠道。推动乡村振兴，必须让农业经营有效益、成为有奔头的产业，让农民增收致富、成为有吸引力的职业，让农村留得住人、成为安居乐业的美丽家园。

对于一个村庄来说，选对了人，还得做对事，既要因地制宜，也要因时因势发展。

花园村土地贫瘠，在传统农业方面自然难以有大作为，因而，花园人选择了"以工富农、以商兴村"的路子。

对于一个交通不方便的浙中小山村，工业起步时，选择了没什么技术含量的行当。无论是蜡烛作坊还是服装厂，都是主要靠劳力，外面有现成的模板可学，对于花园人来说倒也不是特别难的事。

难就难在如何销售，最开始服装厂依赖于供销员代销，出现问题后，倒逼邵钦祥跑市场。

这也是花园人凭借努力能克服的，在邵钦祥带领下，走南闯北，构建了销售渠道。

随着时间的推移，同类企业数量剧增，而市场需求并未得到相应增加，市场到了拼规模、拼质量的时代。

花园人审时度势，邵钦祥旗下8家企业和村内46家企业实行了联合，成立了金华市首个村级工业公司。而后，随着市场的需要，公司规模扩大，工业公司改成了花园集团。

花园集团再发展到一定程度，必将面临发展的"天花板"。邵钦祥选择了进军高科技，进而引领企业转型。应该说，尽管和中科院感光所（现为理化所）合作维生素D3项目曾被村民不看好，但经过多年发展的花园集团也有了这个实力，而且遇到了发展瓶颈，迫切需要转型，同样是因势而变。

2004年，第一次并村时，花园村采取的是"一分五统"的理念："一分"即村企分开，无论是花园集团还是其他个体私营企业，均按产权归属独立自主经营。"五统"即财务统一管理、干部统一使用、劳动力在同等条件下统一安排、福利统一政策发放、村庄建设统一规划实施。这又是一次因地制宜、顺势而为的举动。

在2004年以前，花园村是个小村，只有100多户几百人，村集体经济为零，花园村村民很多在花园集团上班，集团高层很多就是村干部，花销也全从集团报销。可以说，村就是企业，企业就是村，两者几乎不分。

但并村之后，完全不一样，需要产权明晰，明确责权利，需要组建新的村两委，面临新的管理问题，等等，这些需要村企分开，做强集体经济。

当年，很多地方村庄合作，停留在表层，只是改个名组个新班子，但缺乏凝聚力。

"五统"则能很好地解决村庄一盘散沙问题，且利于村庄规划、建设，新老花园人同待遇，共发展。

比如，花园村两委按照村庄总体规划，将全村划分为村民平安居住区、高效生态农业区、第三产业服务区、高科技工业园区，并将原10个行政村改为10个小区。此外，还以农房改造为花园新农村建设的重点，整体搬迁4个村，整体拆建4个村，旧村改造2个村。

此举，一方面改善了村庄，化解了矛盾；另一方面，腾出了空间发展。

老花园村仅0.99平方公里，发展空间非常有限。并村后，节约出来的土地成为产业发展的支撑。

有了合适的土地，花园人选择什么产业？除了花园集团在高科技战略引领下发展外，村里开始利用经营木线市场的优势，建设红木家具城，并围绕红木家具不断完善产业链，成为"红木家具第一村"。

与此同时，在旅游方面发力，打造 AAAA 级景区，两者互动。

通过红木家具城、旅游积累了人气，又进一步拓展商业街，硬是在一个偏僻的小山村，打造了一座小城。

花园红木家具城

找到合适的发展路子非常关键，要因地因时因势而为，比如上文提到的牛角山村，如果发展工业肯定不适合，因此利用村庄良好生态、地理条件发展茶叶产业，并进一步和旅游结合，实现一、三产融合，提升附加值。

三、要有不断奋斗的动力

在 2004 年时，花园人就实现了生活富裕，村内企业发展良好，是坐享其成还是继续奋斗呢？

花园人选择了后者，支撑的是一个能激发内生动力的机制。

比如，花园村提出"生活靠集体，致富靠自己"。这句话简单易记，朗朗上口，也好理解，但背后蕴藏着巨大的精神动力。

集体经济时，磨洋工现象层出不穷，为什么实行家庭联产承包责任制后，天未亮村民就下地干活呢？

担任过记工员、生产队长的邵钦祥经历过集体经济年代，有着刻骨铭心的经历和深邃的思考。在他的潜意识里，把激发村民内生动力看得非常重要。因为只有这样才能实现发展，而只有发展，才能解决问题。而要让村民有不断奋斗的动力，就要有好的平台，让村民能"跳起来摘桃子"。

如果目标太高了，高不可及，再怎么"跳"也够不着，人们容易放弃希望，颓废心态便会滋生，甚至自暴自弃。但目标太低，触手可及，甚至连腰都不用直、脚都不用踮，人们就会自我满足、不思进取。

打造红木家具城显然就是为了解决这个问题，村里有这个基础，村民对红木家具并不陌生。对于很多花园人来说，围绕红木家具产业链做文章不是难事。大量的能人投身红木家具产业，增加了就业岗位，花园人既可以在红木家具城上班也可以创业。

自然，通过此举，激发了很多花园人创业，且随着时间的推移，花园小镇的形成，创业不再局限于红木。

比如，马永胜 2005 年就在村里开了家药店，年收入 20 多万元，尽管从早上 7 点忙到晚上 10 点，但他动力十足。类似的药店，村里开了 3 家。

精准扶贫，内生动力很重要；乡村振兴，内生动力同样重要。关键是怎么去激发，每个村庄条件不一样，特点不一样，方式也不一样。

花园村给我们的启发是，通过构建创业平台，激励村民参与其间，不断努力致富。

四、自治、德治与法治要结合

有了合适的产业、合适的创业平台，激发了村民不断奋斗，村庄不断发展。发展可以解决很多问题，同样也会带来很多问题。而一个村庄好不好，不仅在于是否富有，还在于是否治理有效、乡风文明、生态宜居等。

村是我国最小的基层单位，行政村是依据《中华人民共和国村民委员会组织法》设立的村民委员会进行村民自治的，是基层群众性自治单位。

村实行的是自治，但也是最难治理的地方之一。党的十九届四中全会提出推进国家治理体系和治理能力现代化，基层治理是国家治理体系重要组成部分,也是薄弱环节。

著名社会学家费孝通在他的《乡土中国》一书中曾描述:乡下人离不了泥土,因为在乡下住,种地是最普通的谋生方法。

改革开放后,这种现状被打破,大量的农民放下锄头,翻过一座座大山,长途跋涉进城务工。平时留在家里的多为老人、妇女和小孩。

依靠勤劳,他们逐渐摆脱了贫困,有些还发家致了富,在村庄建起了一幢幢宽敞明亮的楼房。青山绿水掩映之下,成了靓丽的风景线。但农村生机逐渐缺失,热闹往往只是短暂地发生在春节。

人才缺失的村庄,不仅缺乏生机,治理能力自然也堪忧,有些村甚至村支两委组织长期软弱涣散,"村霸"横行。日积月累,造成一些村庄矛盾常年累集,隐患颇多。

2018年,中央一号文件聚焦乡村振兴,总要求是"产业兴旺、生态宜居、乡风文明、治理有效、生活富裕",其中"乡风文明、治理有效"指向的正是乡村治理。

花园村法治广场

2019年,中共中央办公厅、国务院办公厅印发《关于加强和改进乡村治理的指导意见》,把乡村治理摆在了非常重要的位置。《意见》对乡村出现的问题开出了药方,明确了要求。

花园村解决了这个问题,实现了连续39年"小事大事不出村,矛盾

第十八章 花园启示录

纠纷不上交，村民零上访"。

给我们的启发是，乡村治理要实现自治、德治与法治结合。自治是要充分调动村民参与，德治则是通过村规民约等实现，法治是底线和保障。

在花园村，所有村干部都经过民主公开选举产生，村务实行严格的公开制度，凡涉及村庄公共利益的重大决策事项、关乎群众切身利益的实际困难问题和矛盾纠纷，都由党委组织召开村民大会和村民代表大会协商决定。

村里有一套"公开、公平、公正"的办事原则来监督党员干部。凡是涉及村庄规划、房屋拆建、工程招标、选举和发展新党员等事务，一律通过公示栏进行公布，吸取群众意见。村民盯得最紧的就是村干部的腰包。花园村设立了意见箱和财务公告栏，每季度定时将村里财务收支进行公布，自觉接受党员和群众的监督。

这样做，充分调动起村民参与村庄大小事务的积极性。在此基础上，制定了《村规民约》《村民道德公约》，同时广泛开展宣传。

法治是底线和保障：一方面，村里专门建设了法治广场，图文并茂宣传法治；另一方面，村里设立了政法办等机构，成立了花园村社会治安综合治理领导小组，下设人民调解委员会、外来人员管理领导小组、预防青少年违法犯罪领导小组、外来人口管理服务站等。同时，还利用现代科技手段推进依法治村，在全村各主要交通要道、重要区域都安装了监控探头。

通过自治、德治与法治的有机结合，实现了治理有效，已把花园建设成为人人有责、人人尽责、人人享有的花园农村治理共同体。

此外，花园村给我们的启发是文化建设不可或缺。村民口袋富了，脑袋也得富起来，即物质文明与精神文明同步。

文化振兴是乡村振兴的重要基石。推动乡村振兴，必须坚持既要"富口袋"又要"富脑袋"，大力挖掘乡村文化功能，提升乡村文化价值，增强乡村文化吸引力，不断提升乡村社会文明程度。

第十九章
邵钦祥讲花园

一、坚持新发展理念，推动高质量发展，为乡村振兴综合改革贡献花园智慧和力量①

同志们：

新年新气象，发展高质量。在大家的努力奋斗中又度过了充实收获的一年，在新春佳节即将来临之际，我们在这里召开全村党员干部大会，参加今天会议的有：全体党员，村民代表，团、民、妇及老协班子成员，邀请了集团中高层干部，花园范围内30家个体工商户、各行业的代表。借此机会，我代表村党委、村委会，向花园村全体村民以及外来创业者一年来的奋斗努力和无私奉献表示衷心的感谢！

2019年是新中国成立70周年，也是全面贯彻党的十九大精神的关键之年，更是花园提质增效走向高质量发展的关键一年。一年来，面对错综复杂的国际国内经济环境、中美贸易战、经济下行压力持续增大的情况，在省委、省政府的重视关心下，在东阳市委、市政府的坚强领导下，在南马镇党委、政府的支持下，通过花园村广大党员干部、村民的共同努力，深入学习贯彻习近平新时代中国特色社会主义思想，始终坚持"五个不动摇"，紧紧围绕年初制订的19件大事，大力发展工业经济和商贸服务业，不断优化商贸旅游产业布局，不断深化乡村振兴战略，不断完善民生福利事业，实现了花园经济发展高质量，实现了花园农村建设高质量，实现了花园村民生活高质量，实现了花园社会和谐高质量，圆满完成了2019年的目标任务。

---

① 本文为2020年1月11日邵钦祥在2020年花园村党员干部大会上的讲话内容。

（一）2019 年工作回顾

1. 坚持花园经济发展高质量，打造繁荣富强大花园

2019 年度全村完成营业收入 602 亿元，其中花园集团完成 306 亿元，村个私工商户 296 亿元。

2019 年度花园集团实现营业收入 306 亿元，与去年 268.7 亿元相比增加 37.3 亿元，增长 13.88%。实现利税 15.5 亿元，与去年 14.7 亿元相比增加 0.8 亿元，增长 5.44%。总资产 246 亿元，与去年同期 229.38 亿元相比增加 16.62 亿元，增长 7.25%。净资产 119 亿元，与去年同期 111.36 亿元相比增加 7.64 亿元，增长 6.86%。

2019 年，全村有个私工商户 3768 户，与 2019 年 3508 户相比增加 260 户，户数增加主要是电商企业数量增加；全年实现产值 296 亿元，与 2019 年 277 亿元相比增加 19 亿元，增长 6.8%；上缴东阳税收 7119 万元，与去年 6934.5 万元相比增加 184.5 万元，增长 2.7%。村民人均收入 13.5 万元。

3768 家工商户行业分布				
行　业		户数及占比		成交额（亿元）
木制品行业 2550 家（占比：67.7%）	红木产品及工艺品制造销售	2132	56.6%	196
	原木板材经营	163	4.3%	65
	木制品雕刻油漆加工	255	6.8%	3.8
农副产品经营		76	2.0%	31.5
副食百货家电		217	5.8%	
服装鞋帽		169	4.5%	
住宿餐饮小吃		234	6.2%	
五金建材卫浴		153	4.1%	
培训休闲娱乐		102	2.7%	
物流快递仓库		47	1.2%	
其他(建筑劳务)		220	5.8%	
合计		3768	100.0%	296.3

花园集团名列"2019中国民营企业500强"第314位、"2019浙商全国500强"第66位、"2019中国制造业企业500强"第279位、"2019浙江省百强企业"第65位、"2019年浙江省民营企业100强"43位、"2019浙江省制造业百强企业"44位、"2019浙江省成长性最快百强企业"70位。

重大工程项目建设基本完成,实现了年初制定的工作目标,共完成投资50亿元。

(1)作为金华投资最大工业项目之一的花园集团(金华)生物医药科技园一期基建项目已基本完成,开始设备安装调试,计划3月份投产;

(2)省重大产业龙头类项目(花园新能源公司年产5万吨高性能铜箔项目)一期已于2019年8月份建成投产,填补了该领域浙江省内空白,实现了高性能铜箔的"中国制造";

(3)"省重大产业示范类"项目(年产6万吨的花园铜业"1320毫米超宽幅精密铜板带项目")已竣工投产,宽度可达到1.4米,板带宽度亚洲第一;

(4)红木家具城第六期配套市场(花园家居用品市场)已于11月建成开业;

(5)花园红木产业国际物流中心一期已投入运营;

(6)超五星级酒店花园雷迪森大世界11月建成开业,成为花园新地标,成为花园城市会客厅;

花园雷迪森大世界酒店

（7）年产6000万块烧结空心砖块生产线建设已进入扫尾阶段，计划5月份投产；

（8）完成了浙江省健康促进医院创建工作；

（9）花园建材公司预拌混凝土、干混砂浆项目主要设备已安装完毕，计划3月份投产；制砂场项目正在建设中。

花园集团4个产品项目被列为2019年浙江省重点高新技术产品开发项目，4个产品项目都已具备产业化条件，达产后将为企业带来良好的经济和社会效益，对公司产品领域的拓展、技术提升和新市场的开拓具有重大意义，也将进一步提升企业核心竞争力；花园生物公司荣获"中国创业板上市公司价值五十强"；花园铜业公司荣获"中国铜棒（排）材十强企业"和"东阳市市长质量奖"；"宽幅铜门带"被评为浙江省优秀工业产品；花园新材公司作为第一起草单位制订的《建筑用纸蜂窝复合墙板》国家标准开始实施；花园建设集团在全国工程建设质量管理小组活动成果交流会中荣获二类成果奖；花园润嘉公司自主研发产品通过创新医疗器械特别审批申请审查，是国内首家系统性治疗干眼症医疗器械生产企业……工业企业实现大升级，为花园经济高质量发展增加了新动能。

在工业经济的带动下，花园的商贸服务业和第三产业持续繁荣发展。一年来，花园的展会经济、旅游购物、集市经济，影响不断扩大。每年举办的红木家具展销会，向世界展示和推介花园红木精品、工匠精神和红木文化，花园成为购买红木家具的首选地，"买红木，到花园"已成为社会共识，"天下红木第一村"已名扬海外。2019年中国·花园红木展销会以13.2亿元的交易额再创新高，在中国社会科学评价研究院发布的2019年"中国商品市场综合百强"榜单上，花园红木家具城继续以家具类排名第一的成绩上榜；由中国木材与木制品流通协会花园红木专业委员会和东阳市红木家具城联合主办的"花园购"新零售红木智慧市场布局上线，陆续推出商家版、经销版、门店版；花园景区不断优化规范管理，积极创新运营模式，2019年接待旅游人次570万人次，12月份花园旅行社上榜"2018年度浙江省百强旅行社"；花园商业中心和雷迪森大世界自开业以来，已经成为花园以及周边群众休闲购物餐饮娱乐的好去处；位于环龙和柳塘小区金三角的花园第二菜市场已建成并试营业；在阿里研究院公布的2019中国淘宝村名单上，花园村继续成为淘宝村。

2. 坚持农村建设高质量，打造便民惠民大花园

12月，浙江省委、省政府批复同意花园村为浙江省乡村振兴综合改革试点，花园村"村域小城市"建设逐步推进和完善，以更高站位、更大投入为全国的乡村振兴起到引领、示范和带动作用；占地3000亩的浙江省农村综合改革集成示范区建设基本完成，其中天香湾景区、溪陵下浙派精品民居等都已完工。随着花园家居用品市场、花园红木长廊、花园雷迪森大世界、花园红木产业国际物流中心等的相继建成，花园红木家居特色小镇更具有亮点、更具有特色。

2019年拆除了桥头、西瑶老区以及环龙二期、溪陵下旧房1060间，建筑面积约9万平方米，旧村改造和提升已完成。完成了康庄路、乐园路、花园大道的拓宽改造工程，完成了桥头、西瑶、溪陵下、南山、南城、西山坞新区以及金三角、环龙二期的道路场地硬化以及康庄路等油渣路面工程近2万平方米的道路施工；华夏大道连接环柳、东永一线、二线至南下线（金鸡笼），华夏大道连接花园大道等道路已全部通车；新建阳光路、红木六期东侧、人民广场、服装小吃一条街等6座3A级公厕；完成了下安恬、余街畈、下湖头四座桥梁工程；老年公寓扩建工程已顺利完工；花园幼儿园南山分园已于9月1日投入使用；花园变电所建设前期审批工作已完成；全村道路提升、绿化工程、天然气安装建设等项目已全部完成。花园农发公司成为金华市首家国家级新型职业农民培育示范基地；花园粮油商贸城广场完成改造，升级为花园人民广场；花园商业中心花园百货小吃一条街开业；共享电动车和共享汽车也相继入驻花园，村里新增的两辆新能源公交车也已运行；花园文化广场、中国农村博物馆、图书馆、文化剧院、大型游乐园、人民广场、法治广场等一批农村公共文化设施，极大提升了花园的文化品位。

3. 坚持村民生活高质量，打造宜居宜业大花园

随着花园各项事业的发展，村民生活有了量的跨越、质的飞跃。2019年花园便民服务中心"最多跑一次"改革持续推进；花园村引进高级人才落户政策落地，一批批新花园人落户花园；下发了《关于花园村民子女就读花园外国语学校加大相关优惠政策的通知》，并为2019年考上博士、硕士及一本的23名优秀学子颁发奖学金；邀请1851名老人到花园雷迪森大世界3000平方米无柱宴会厅就餐；重阳节为全村老人发放慰问金93.9万

元；田氏医院举办"下乡送医送健康"活动，安排花园中小学生、妇女、老年人体检；花园外国语学校成为省教育厅公布的第二批义务教育标准化学校，教学质量不断提高，社会认可度和生源质量逐年提高，招生形势喜人；12月20日，成立了为实现高质量发展培养高素质队伍的内部管理的花园大学，为花园村民员工的人才培养和在职教育提供了平台；举办了第四届江南（花园）牡丹花节、第八届金秋菊花节；开展推行了驾驶电动车佩戴安全头盔暨免费发放安全头盔仪式；邀请了全村清洁工"乡村美容师"观看电影《我和我的祖国》，并送上慰问金……让花园人过上了城里人的生活。

花园村夜景

4. 坚持社会和谐高质量，打造平安幸福大花园

花园村始终坚持依法治村、民主管理，始终坚持一心为公、一心为民，把花园建设成为人人尽责、人人共享的花园农村治理共同体，建设成为更高水平更高质量的平安和谐大花园。在全党开展的"不忘初心、牢记使命"主题教育中，花园村党委、各党支部按照党中央、省委、市委的统一部署，认真学习习近平新时代中国特色社会主义思想，广泛发动，周密计划，精心部署，完成各阶段的主题教育任务；在七一纪念建党98周年

之际举行隆重集会，重温党的历史，庆祝党的生日；在新中国成立70周年之际，花园村作为全国先进基层党组织，我作为浙江省农村代表受中组部邀请，在北京天安门观礼台观看庆祝中华人民共和国成立70周年大阅兵；花园艺术团8名演员亮相中华人民共和国70周年大阅兵仪式群众游行浙江彩车；建成了总面积3100平方花园党群服务中心，为构建和谐花园提供了平台；开展了"勤奋工作，敢于担当，追求完美"为主题的大讨论活动。

花园的和谐稳定离不开广大党员干部的无私奉献，不计报酬脚踏实地为村民办好事办实事，2019年花园村7名党员转正，延长预备期2名，吸收预备党员13名。同时，花园村积极推进群团组织建设，先进集体和先进个人不断涌现，花园田氏医院妇委会的"妇女微家"受到上级妇联的充分肯定，在三八妇女节期间，荣获"浙江省三八红旗手（集体）"荣誉称号；花园生物高科董事长邵君芳被评为省劳动模范，花园红木家具城董事长严旭被评为东阳市劳动模范等。

2019年，村全年调处各类矛盾纠纷76起，配合相关部门做好外来人员管理工作，实行安全生产大排查。继续抓好村庄绿化、生产安全、环境卫生、治安管理、监督水质等工作，卫生每月大检查，年底进行了卫生评比排名：第一名：花园小区；第二名：方店小区；第三名：三余小区；倒数第一名：卢头小区；第二名：乐业小区；第三名：河泉小区。

5. 2019年村财务总的收支情况

村里每年进行收付账目清账，审计部门进行财务审计。全村所有财产进行登记、核查、清理、评估，健全财产账目，全村资产达20.6亿元。

2018年底结余5.25亿元，2019年总收入2.6亿元，2019年总支出3.79亿元，2019年底结余4.06亿元。其中2019年收取各项合同承包款、厂房租金0.89亿元。

2019年支出分布情况：

全村基础建设投资2.8亿元：其中花园国际物流中心投资3100万元，天香湾景区、生态园投资2865万元，幼儿园南山分院投资2610万元，老年公寓扩建投资已支付1642万元，全村道路硬化、白改黑投资5508万元，排水、污水、天然气管道安装整改投资4520万元，公墓投资232万元，红木长廊支出478万元，路灯亮化、线路整改投资720万元，绿化卫生投资525万元，饮水工程投资448万元，新建桥梁投资470万元，给困难户建房投资257万元，新建小区综合楼投资315万元，福山景区投资185万元，罗溪道路建设投资378万元，花园第二菜场已支付108万元，铺路侧石广场砖及各类挖机费开支3600万元。

福利支出合计0.56亿元，其中村民医疗保险费568万元，村民优惠医药费460万元，子女读书优惠款220万元，口粮费支出1426万元，节日福利、电视费、困难补助等670万元，农房改造补贴2200万元。

2016年起，村里出台了相关政策：凡是在花园创办企业的个私工商户和经营业主，结合在花园范围内的消费情况，减小或优惠租金。2019年，对花园范围内消费情况进行登记并兑现了优惠款：餐饮消费307.33万元，优惠26.9万元；装潢材料986.2万元，优惠46万元。2019年全年优惠总额72.9万元。

同志们，2019年是不忘初心、努力奋进的一年，是来之不易、成绩辉煌的一年。花园的发展，得到了省委、省政府以及上级有关部门的关注和肯定。一年来，花园村在全国乡村振兴示范推介暨首届乡村振兴发展论坛上，荣获"全国乡村振兴示范村"；被中农办、农业农村部、中宣部、民政部、司法部授予"全国乡村治理示范村"；被全国"扫黄打非"工作小组办公室评为全国第三批"扫黄打非"先进基层示范点；被省乡村振兴领导小组办公室评为浙江省善治示范村；成为东阳市首批城乡社区五星级的村庄；11月份，还荣获第九批浙江省生态文明教育基地；花园村与萧山航民村、上海九星村、台州方林村和杭州蒋村结成"中国村企集团五村合作组织"，建成了中国·五村园；溪陂下田园被省农业农村厅、省文化和旅游厅评为2019年浙江省100个"最美田园"；花园红木产业创新服务综合体被金华市科技局、发改委、经信委、财政局等部门联合列入金华市产业创新服务综合体创建名单。

美国《侨报》、《欧洲时报》、中央电视台、新华社、中新社、《农民日报》、《工人日报》、《法制日报》、《人民公安报》、《浙江日报》等国内外主流媒体宣传报道了花园村在经济建设和社会发展方面的成就。这些成绩来之不易，所有成绩和荣誉的取得，离不开党的政策，离不开各级党委、政府的领导，更离不开广大党员干部和广大村民的团结拼搏、艰苦奋斗、无私奉献，在此，我代表村党委向全村党员干部、广大村民表示衷心的感谢！

（二）存在问题

在充分肯定2019年取得的巨大成就的同时，我们也要正确地分析当前形势和认识到存在的问题：

（1）人才缺乏。人才始终是推动发展的根本要素，特别是花园在高质量发展的关键时期，更需要人才的支撑，更需要人才的发现、培养和引进，企业要发展，关键靠人才，村庄的发展，也要靠人才。

（2）个别党员干部党性意识、为民意识不强；个别干部综合能力不足；个别党员干部工作怕得罪人、不敢担当，不敢批评人，对工作不够细致、不够全面、没有及时处理问题。

（3）个别党员、村民身在福中不知福，没有民族精神、大局意识、集体观念，对村党委、村委会的决定理解不透、贯彻不力，个别人得到利益没有感恩的心，觉得是应得的，吃点亏就发牢骚；我们花园村不允许任何人制造矛盾、破坏团结与和谐，一经发现，一律从严处理。一个国家讲民族主义、民族精神和爱国主义，如果一个国家没有一种爱国主义和民族精神，就不可能强大，百姓不可能幸福。一个村也是如此，一个单位也一样。

（4）个别村民不珍惜花园创业平台、不珍惜村里创造的大好环境，村里每年在住房、绿化、道路、水电、卫生环境等方面投入大量资金，生产生活环境大变样，这样一个平台，这样一个大好的环境，个别村民还是不知道爱护，不珍惜花园广大党员干部付出的努力和心血。

以上这些问题，需要我们高度重视，认真对待。

（三）2020年工作任务和目标

2020年是花园村推进乡村振兴综合改革试点的第一年，是花园从"大项目、大投入"进入"大发展、高质量"转变的关键之年，是花园"经济发展高质量、农村建设高质量、村民生活高质量、社会和谐高质量"发展战略的重要之年，也是总结推广花园经验的重要之年。2020年，花园村大项目基本不投入，并重点做好以下几项工作：

（1）2020年花园村主要经济指标：全村计划实现营业收入620亿元；其中花园集团320亿元，个私工商户300亿元。花园集团计划完成营业收入320亿元，增加14亿元，增长4.6%；利税16.5亿元，增加1亿元，增长6.5%，总资产260亿元，增加14亿元，增长5.7%；净资产125亿元，增加6亿元，增长5%。

（2）2020年度计划完成投资30亿元；具体如下：

1）完成并做好浙江省乡村振兴综合改革试点工作；

2）做好浙江省"千万工程"展览馆项目建设；

3）做好浙江省农村综合改革集成示范区试点项目建设；

4）做好花园红木家居特色小镇创建工作；

5）完成花园集团（金华）生物医药科技园一期项目建设；

6）完成年产50000吨高性能铜箔二期项目建设；

7）完成花园建材公司搬迁与技改项目；

8）举办2020中国·花园红木家具展销会；

9）完成花园变电所建设；

10）做好湖景城二期开发建设。

在做好以上工作的同时，继续抓好村内基础设施工程、用水、用电、道路、绿化、卫生工作。

（3）深入学习贯彻落实党的十九届四中全会精神，为中国农村社会治理提供"花园经验"。学习贯彻落实党的十九届四中全会精神，是我们当前和今后一个时期的重要政治任务。各级党委、政府十分重视，特别是对农村社会治理问题更为重视。11月24日，根据省委主要领导的指示和要求，金华和东阳的市委书记专门来花园进行调研，并要求花园总结经验在全市推广，这对花园来说又是一次发展的大好机遇、强劲的发展动力。花园要当好全国农村治理的排头兵、先行者，就必须认真贯彻落实党的十九届四中全会精神和省市全会精神，要结合花园村乡村振兴综合改革试点总体方案，紧密结合花园的工作和党员干部队伍的实际，为"中国之治"的农村社会治理贡献花园智慧和力量。在花园社会治理的实践中，广大党员干部要继续带头"奉献、公正、公平、公开"，更好地实践"小事大事不出村、矛盾纠纷不上交、村民零上访"的花园经验。

（4）以扎实推进乡村振兴综合改革试点工作为抓手，圆满完成各项试点工作任务。2019年12月26日，经省委改革委审议、省政府同意，花园村正式成为浙江省乡村振兴综合改革试点。作为全省唯一的乡村振兴综合改革试点，花园村将承担试点实施落实责任。由于这项改革是一项全新的试点和改革，涉及政治、经济、文化、社会治理等方方面面的内容，没有现成的经验可以借鉴，任务很艰巨，工作量很大，从试点总体方案来看，政策支持和改革的力度很大，省级层面18项、金华市级层面14项、东阳市级层面21项。因此，我们要认真理清工作思路，从经济发展新动能、社会治理新模式、乡村管理新途径几方面着手，推动花园村走出一条新时代乡村振兴实践之路，为全省、全国探索出一套乡村振兴综合改革的经验做法。对于这项工作，我们要全力以赴，抓好抓实，确保成功。决不能辜负省委、省政府和市委、市政府对花园村的期望，一定要把乡村振兴综合改革试点工作圆满完成。

（5）以更加开放包容的心态，努力建设"中国农村第一城"。我们要按照"四个高质量"标准要求，进一步树立"三心"思想，"三心"就是"感恩心、包容心、事业心"。感恩党的政策好，永远听党话、跟党走，感恩花园村的成就是靠广大党员干部奋斗出来的、拼出来的、干出来的；包容各路人才精英来花园投资兴业，包容外来人员在花园工作生活。1月5日，村委会又制定政策：凡是在花园村购买地基建住房、厂房，同时户口迁入花园村落户的人员给予花园村民的同等待遇；对外来人员在花园购买地基建房的，在房屋收费标准上也有一定幅度的优惠照顾。1月6日，村党委和集团党委联合下发文件，对引进高级人才落户花园村相关政策进行了更大力度的优惠调整：一是在花园集团工作7周年调整为5周年以上且担任集团班子成员5周年调整为3周年以上的高管人员，可以落户花园村并享受村民待遇；二是在花园集团工作8周年调整为6周年以上且担任中层干部正职6周年调整为4周年以上的人员，可以落户花园村并享受村民待遇；三是在花园集团工作不足8周年调整为6周年、担任中层干部不足6周年调整为4周年的企业董事长、总经理，当年创利3000万元以上的可以落户花园村并享受村民待遇；四是工业企业正高级专业技术职称人员在一档企业担任董事长、总经理，且企业年产值在50亿元以上或年利润在1亿元以上的人员每年奖励6万元，工作满3周年调整为2周年以上的可以落户花园村并享受村民待遇。

继续推进30多项福利：回村创业的博士生每年奖励5万元、硕士研究生每年奖励2万元、一本本科生每年奖励1万元；村民每年享受免费体检及医疗费报销，村民每人每月可免费领取大米12.5公斤、猪肉1公斤、鸡蛋1公斤、油0.5公斤，等等。吃饭、就医、教育靠集体，发家致富靠自己的社会主义优越性在花园村得到了充分体现。这些政策都是花园村越来越包容开放的体现，村里的党员干部和村民要以更加开放的意识和包容的心态欢迎外来人才来花园工作生活，欢迎各界人士来花园投资创业；要以更加感恩的心来投身建设大花园，以更加奋发有为的精神，以更加开放包容的心态，以更加严格的标准，共同建设"中国农村第一城"。

第十九章　邵钦祥讲花园

花园田氏医院

（6）以坚持党委领导、党员带头为统领，凝心聚力共同维护花园形象。习近平总书记说"家是最小国，国是千万家"，每一个小家的前途命运同国家和民族的前途命运紧密相连。对于村来说，村的前途命运同家庭的前途命运也是紧密相连，一荣俱荣，一损俱损。花园村不允许拉帮结派、不允许搞小团体、不允许搞宗族势力，不允许任何人制造矛盾、破坏团结。花园村党员干部要带头讲党性、讲奉献，要把花园人的思想统一到党委的决策部署上来，把花园人的智慧和力量凝聚到实现花园总体目标任务上来，统一思想，一心一意干事创业，共同维护好花园村的形象。

（7）建设新农村，要辛苦一代人、要牺牲一代人的个人利益。新农村建设是一项长期、系统的工程，幸福不会从天降，需要辛苦一代人，需要牺牲一代人的个人利益，特别是党员干部要不怕牺牲个人利益。我们花园村的党委、村委班子成员一心为了花园发展、一心为了村民安居乐业、一心为了村民共同富裕和生活幸福，一年365天没有休息天，付出了大量的心血。新并入的环龙、柳塘、渼陂下等小区这样大的拆建、这样大的投入、这么快的速度和力度、这么好的面貌，而且两年时间各个小区已经基本建设完成，如果不并入花园村做梦都不敢做、想都不敢想，永远也不可能有这样的建设、这样的发展。所以，我们这一代人很辛苦，现在的辛苦

177

是为了下一代的幸福。我们的公正公平，必然会让部分党员干部以及村民吃亏，但是我们让大多数村民得到了实惠、得到了利益，这样做也是值得的。

幸福的生活，要靠勤劳的双手，花园人都要树立主动就业、勤劳致富、劳动光荣的价值观和人生观。花园人都要十分珍惜来之不易的生产生活环境，正是花园人的齐心协力，应该说花园家家住新房，没有贫困户，没有暴发户，家家有事业，户户在创业、人人在致富。所以，我们经常教育引导广大党员干部和村民要坚持树立五种意识，这五种意识一是"勤劳致富、劳动光荣"；二是"振兴花园是我的责任、繁荣花园是我的光荣"；三是"身在花园爱花园、我为花园作贡献"；四是"创业在花园、致富在花园、消费在花园"；五是"有付出才有收获、有作为才有地位"。

（8）充分发挥村规民约的作用，做到人人遵纪守法讲规则。花园村规民约在引导、教育、约束广大村民推进花园村民主法治建设，维护社会稳定，提高村民素养，树立良好的民风、村风、家风，创造和谐安定的生产、生活环境等方面能发挥巨大作用，作为花园人一定要严格遵守和执行。

人勤春来早，奋斗正当时。同志们，花园现在正处在高质量发展时期，我们要抓住新的发展机遇，继续"以花园为公""全心全意为花园服务""花园发展就是硬道理"的思想意识，心往一处想，劲往一处使，坚定信心，埋头苦干，带领全体花园人，为把花园村建设成世界上最富有、最美丽的村庄，让花园村民成为世界上最富裕、最幸福的农民，为打造"中国农村第一城"而努力奋斗！

二、做好花园村乡村振兴综合改革试点工作[①]

花园村通过40年的创业创新，在经济发展、农村建设、公共服务、产业结构、生产总值、村民生活、福利待遇、人均收入、农村治理等方面都走在了全国农村前列。2018年8月，省委书记车俊作出了把花园村作为我省首个村级小城市培育试点的批示。得到了袁家军省长，陈金彪常委，冯飞常务副省长，彭佳学副省长等领导的重视和肯定。近两年来，由省委

---

① 本文为2020年5月13日邵钦祥在花园村乡村振兴综合改革试点工作推进会上的发言，有删减。

改革办牵头，省委政研室、省发改委、省农业农村厅等部门的调研组来花园作了多次考察调研，彭家学副省长和省政府有关部门主要领导，以及金华市、东阳市主要领导和有关部门领导都先后多次前来专题调研。特别是去年3月份省委车书记作出的"大胆改革、稳妥推进、先行顶层设计"的要求批示，为花园的改革试点提出了要求、指明了方向。2019年12月26日，省政府办公厅正式下发批文，花园村正式成为浙江省乡村振兴综合改革试点。从省委主要领导的批示到正式文件的出台，充分体现了各级党委、政府对花园村工作的高度重视和支持，我们深刻地感受到花园村乡村振兴综合改革试点来之不易，这是各级党委、政府关心支持的结果，也是花园人奋斗不息、勇于创新的结果。按照中央"乡村振兴"的战略要求，以花园村现在的人口规模、经济总量、社会发展以及在全国的知名度、影响力，已经具备"小城市发展的业态"和"乡村振兴"的要求。作为我省唯一的乡村振兴综合改革试点，花园村将承担试点的主体责任。这是一项全新的试点和改革，涉及政治、经济、文化、社会治理等方方面面的内容，没有现成的经验可以借鉴，任务很艰巨，工作量很大，为此，花园村将继续做到以下几点：

（1）以"五大产业"和"五大板块"为抓手，全面推进花园经济发展高质量。五大产业是：①生物与医药；②新能源与新材料；③红木家具与木制品；④建筑与房地产；⑤旅游教育与卫生文化。五大板块是：①工业企业板块；②旅游文化板块；③教育卫生板块；④现代农业板块；⑤红木家具板块。重点抓好工业企业发展质量和效益，在实现实体经济高质量发展上不断取得新进展。

（2）以"加快推进基础设施和公共服务配套建设"为重点，全面推进花园农村建设高质量。2017年新并入的9个村住房改造和提升已完成；建成了全球最大的一至六期的红木家具市场；建成了浙江农村第一高楼——超五星标准的雷迪森大世界，有全省最大的宴会厅；占地3000亩的全省农村综合改革集成示范区建设项目已初具规模；花园村已全部开通天然气，在全国也是唯一的村；花园的红绿灯已达到20处；村内开通免费公交车；新能源公交车、共享电动车和共享汽车也相继入驻花园；红木市场、商业中心、医院、外国语学校等都走在了全国农村的前列。通过改革试点，把花园打造成为"中国农村第一城"。

（3）以"31项福利"为基础，全面推进花园村民生活高质量。花园各项事业的发展，让村民过上了城里人的生活，城里有的花园都有，城里没有的花园也有；村民的31项福利，让花园村民实现了"生活靠集体、致富靠自己"，在村里就可以享受到最好的医疗、教育、购物和娱乐。村便民服务中心承诺村民办事力争"最多跑一次"，村民办事不用出村，代办事项达166项，95%实现"最多跑一次"。通过改革试点，在人才引进、培养花园新村民等方面都要有新的突破。

（4）以"小事大事不出村，矛盾纠纷不上交，村民零上访"为实践要求，全面推进花园社会和谐高质量。花园实现了连续39年"小事大事不出村，矛盾纠纷不上交，村民零上访"。省委书记车俊批示：花园经验值得总结和在基层借鉴。省委副书记、省长袁家军在花园调研时说：花园村没有一个公务员、没有一个吃皇粮的，治理得这么好，值得学习总结。我们要按照省委、省政府领导的希望和改革试点的要求，把花园建设成为人人有责、人人尽责、人人享有的花园农村治理共同体。

（5）认真理清工作思路，从经济发展新动能、社会治理新模式、乡村管理新途径几方面入手，推动花园村走出一条新时代乡村振兴实践之路，为全省、全国探索出一套乡村振兴综合改革的经验做法。对于改革试点这项工作，不仅是上级党委、政府对花园村的厚爱和关怀，同时，也是对东阳市乡村振兴工作的充分肯定。我们要全力以赴，抓好抓实，确保成功，决不辜负省委、省政府和市委、市政府对花园村的期望。我们要通过改革试点，解决好花园的教育、医疗、饮水提升完善等方面的问题；解决好花园发展中遇到的问题，克服发展中的困难。通过改革试点，有利于花园村进一步做大做强，有利于基础设施、公共服务等向城市化规划和建设，有利于花园村在全国农村的引领、示范和带动作用，确保干出成效、创造经验、创出特色，为花园村民造福，为东阳争光。我们将从经济发展新动能、社会治理新模式、乡村管理新途径几方面入手，不折不扣地完成总体方案要求，推动花园村走出一条新时代乡村振兴实践之路，为全省、全国探索出一套乡村振兴综合改革的经验做法，让花园村综合改革试点成为全面展示中国特色社会主义新农村的重要窗口。

第二十章
专家学者评说花园

一、花园村乡村治理给我们的启示[①]

改革开放 40 年，中国农村涌现出一批强村、富村，共同的特点是在改革中坚持、发展和完善集体经济制度和村民自治制度，但模式、路径又各有不同，构成具有不同特色的乡村治理体系。花园村发展之路，给我们的启示是什么呢？

一是集体经济、民营经济、个体私营经济共同发展，共生共赢，良性互动，促进乡村治理体系的健康发展与完善。花园村坚持发展民营经济，壮大民营企业。办企业是为让大家都能过上好日子，但实现这个理想不一定就是只发展集体企业。花园村行政管理和经济管理相互独立，明确两者职责边界。集体经济收入增加，村民福利、基础设施建设进入良性循环。但花园村没有实行股金分红，在这里村民致富靠自己努力，做生意，或在集团上班。

二是村民自治充分利用传统农耕社会的制度遗产。30 多年来，花园村村规民约多次修改。村规民约，是对传统社会优秀遗产的继承，但也要有所扬弃。农村宗族派系势力，就不能继承。村民自治要以法治为保障。花园村成立由 2 名法律硕士、4 名法律专业本科生、10 名常驻工作人员组

[①] 2018 年 4 月 19 日，"2018 中国（花园）乡村治理高峰会议"在浙江省东阳市花园村举办，就如何完善乡村治理相关话题展开理论研讨与经验交流。研讨会由中华全国农民报协会、农民日报社、浙江省东阳市花园村联合举办。本文是中国社会科学院学部委员张晓山的发言摘要。

成的法律事务部,全权负责村内各类争议纠纷案件的处理。

三是法治保障下的自治,如何真正落实、运行顺畅?关键是对权力的有效制约。花园村坚决维护相对弱势群体的权益。本村村民与外来人员发生纠纷时,首先处理本村村民;村里党员干部与村民发生纠纷时,首先处理党员干部。防止集体经济再次蜕变为"干部经济"。涉及村庄公共利益的重大决策事项、关乎群众切身利益的实际困难问题和矛盾纠纷,都由党组织牵头,组织群众召开村民大会和村民代表大会协商决定。

四是抓德治这个基础要把党建摆在首位。要夯实乡村治理的道德基础,必须抓住基层党员领导干部这个关键少数。花园村以花园党校为阵地,每半个月开展一次党员学习,每月开一次党员会议,还邀请省市专家、教授到花园村授课。乡村治理体系的基层领头人理想信念坚定,乡村治理体系的改革与完善才会有坚实底蕴。

二、新时代乡村治理机制创新的"花园经验"[①]

乡村治理现代化是国家治理体系和治理能力现代化的重要组成部分。浙江省推进乡村治理机制创新建设走在全国前列,通过推进党组织领导的自治、法治、德治、智治融合的乡村治理体系建设,坚持和发展新时代"枫桥经验",及时总结基层好经验好做法,并上升为乡村治理的制度机制。通过推进县级社会矛盾纠纷调处化解中心规范化建设,实现矛盾纠纷化解"最多跑一地"。全面推进数字乡村和"智慧村庄"建设,有效推进"最多跑一次"改革延伸到村。浙江省东阳市花园村以"治理有效"为保障,在创新推广"枫桥经验"基础上,以"奉献、公正、公平、公开"为原则,实现了39年"小事大事不出村,矛盾纠纷不上交,村民办事不出村"。本文通过阐述从枫桥经验到花园经验的传承,总结了花园村创新乡村治理机制的做法,提出了新时代推进乡村治理创新的对策建议。

(一)从"枫桥经验"到"花园经验"的历史传承

把"枫桥经验"坚持好、发展好。20世纪60年代初,浙江省诸暨市枫桥镇在社会主义教育运动中创造了"发动和依靠群众,坚持矛盾不上

---

① 本文作者:胡豹,浙江省政府咨询委员会委员,浙江省农科院农村发展研究所副所长、研究员。本文刊载于2020年8月3日《民生周刊》。

交，就地解决，实现捕人少，治安好"的"枫桥经验"。毛泽东同志曾于1963年亲笔批示"要各地仿效，经过试点，推广去做"，"枫桥经验"由此成为全国政法战线一个脍炙人口的典型。2013年10月，习近平总书记就坚持和发展"枫桥经验"作出重要指示强调，要充分认识"枫桥经验"的重大意义，发扬优良作风，适应时代要求，创新群众工作方法，善于运用法治思维和法治方式解决涉及群众切身利益的矛盾和问题，坚持和发展"枫桥经验"。

新时代乡村治理的新课题和新考量。近年来，伴随工业化和城镇化水平不断提升，城乡一体化进程不断加速，城乡社会变革不断加快，社会转型、阶层分化、流动加速、利益多元的态势不断凸显，乡村社会问题不断显现，新老矛盾叠加交织，乡村治理也面临着新情况和新问题。新时期党群干群关系、外来务工人员管理、准城市化乡村治理、贫富差距、社会公平等都考量着当前乡村治理的创新。保障民安、改善民生、促进民富、推进民主、激活民力、提高民智正成为新时代创新乡村治理的主要任务和主攻方向。50年前，浙江枫桥创造了"依靠群众就地化解矛盾"的"枫桥经验"，如何学习推广"枫桥经验"，并根据形势变化不断赋予其新的内涵，已经成为当前推进乡村治理创新的一项重大课题。

花园村推进乡村治理的创新与嬗变。浙江省东阳市花园村在学习推广"枫桥经验"基础上，融合现代城市管理方式与传统乡村治理经验，发展出一套较为成熟的乡村治理机制，不但实现了39年间"矛盾不上交、纠纷不出村、选举不拉票、村民零上访"，还保障了村集体经济的快速发展壮大，花园村也因此成为农村基层构建和谐社会的典型和高水平全面建成小康社会的示范，并初步创造了新时期乡村治理的"花园经验"。花园村党委被中共中央授予"全国先进基层党组织"，被民政部、司法部评为"全国民主法治示范村"，被国家旅游局评为"中国十大优秀国际乡村旅游目的地"和国家4A级旅游景区。2019年，全村实现经营收入602亿元，村民人均年收入达13.5万元，是40年前的1550倍。花园村作为浙江全省唯一的"村域小城市"试点建设稳步推进，并升级为唯一的浙江省乡村振兴综合改革试点。全面呈现了"村民比市民富、村容比城市美、生活品质比城市高、田园风光和城市文明高度融合"的乡村振兴"花园样板"。

（二）"花园经验"的主要做法

从能人治村向依法治村的治理转型。改革开放以来，能人治村的典型并不鲜见，能人也顺理成章地成为乡村治理的核心人物。花园村党委书记邵钦祥无疑就是这样一位能人，在推动村庄建设、谋划产业布局、解决村民矛盾等方面发挥了举足轻重的作用。随着花园村人口不断增长，能人治村弊端凸显，治理理念面临转型压力。为此，花园村建立了一套村治规章制度，涵盖村务管理、党员管理、村民管理三大方面。村务管理包括"决策程序、议事规则、财务管理、村务公开、公共事务管理、联系群众、干部考核和日常管理"八项内容；党员管理包括"党员作用发挥、党员活动、外出党员管理、党费收缴、党员评议、党员考核"六项内容；村民管理主要是村民自治章程和村规民约。这套治理制度也体现了原始的乡村治理向新时期城市化管理方式的转变。

打破常规设立村治专门事务机构。为保障规章制度的执行，花园村成立了社会综合治理领导小组和法律事务部，发挥派出所和法院的派生功能。社会综合治理领导小组下设治保委员会、人民调解委员会、矛盾纠纷排查调处小组、外来人员管理领导小组、归正人员帮教领导小组、预防青少年违法犯罪领导小组和消防队，是解决纠纷、处理突发事件的核心机构。一旦有突发事件，治安小组介入处理，3天内解决不了的，移交法律事务部，法律事务部解决不了的，移交国家公检法部门处理。村里还设立了纪委办、政法办、安全保卫处、村建办、招标办、询价组等机构，保证村里每一项事务都有专人依法依规办理。

高度重视党员干部服务理念教育。花园村把党员的教育培训放在突出位置，每半月一次党员学习，每月一次党员会议，邀请专家和领导到村里授课，已坚持30多年。促使党员干部形成"讲奉献"的思想，从而能够在工作中恪守"公开、公平、公正"的原则，保证了政策的实施效果。如凡是涉及村庄规划、房屋拆建、工程招标、选举、发展新党员等事务，一律通过"公示栏"公布。此外，村里还要求党员干部带头履行规章制度，要求每一名党员干部联系农户进行帮扶，规定党员干部服务村里不计报酬，不发误工补贴。

挖掘利用乡村内生性治理资源。花园村制定了《村规民约》《生态公约》《村民道德公约》等一系列规章制度，从生活起居、环境保护、道德养成等方面对村民进行全方位行为规范。村民都把村规民约看成"小宪法"，村民对"小宪法"与国家大法一样心存敬畏，并严格遵守，许多人都能说出其中的条款。内生性治理资源的有效利用使村民道德水准保持在较高水平，有利于一系列政策的贯彻实施，"三改一拆""五水共治"等工作的提前完成足以说明其价值所在。

公平对待新并入村民的民生福祉增进。花园村原有农户183户，496人，面积0.99平方公里。2004年10月，花园村与周边9个村合并组建成新花园村，有农户1748户，村民5021人，面积5平方公里。2017年3月，又一村并九村，村域面积扩大到12平方公里，农户4681户，户籍人口13879人，外来人口5万多。为解决新老村民利益划分、福利待遇等矛盾，花园村搞起了"一分五统"，"一分"即村企分开，企业与花园村在政治和经济上相互独立；"五统"即财务统一管理、干部统一使用、劳动力统一安排、福利统一发放、村庄建设统一规划实施，把老花园村和后并入的村庄集体经济混合到一起，打破原先各村的格局，新老村民混合居住，从而破解了新老村民之间的隔阂和顾虑，打破了原有村落宗派势力，使新花园村真正融合成一个整体。

（三）推进乡村治理创新的若干建议

创新乡村治理制度体系，全面强化依法治村。要全面确立依法治村的总指引，完善乡村治理的各项规章制度，推进乡村治理体系和治理能力现代化建设；根据需要，允许村一级设置派生职能部门，保证制度的有效实施；有效利用乡村内生性治理资源，使村规民约等内生于乡村的非正式制度成为正式治理制度的有益补充。

创新基层党建工作思路，强化党员干部服务意识。切实推进基层党组织建设，做到支部建在村小组上、党员教育活动点建在户上、党员主体作用发挥在户上；探索打造党建引领的品牌，利用党建品牌的影响力与认可度，营造党员干部恪守"公开、公正、公平"原则，奉献自我，服务群众的良好氛围。

创新乡村精神文明建设，提升村民道德素养。要以高尚道德引导人，发挥典型、榜样的引领作用，开展相关教育活动，组织先进典型的评选；要以优美环境改造人，做好旧村改造和整村规划，着力打造硬化、净化、亮化、绿化、美化的居住环境；要以科学理论教育人，实施全民素质教育工程，建立教育活动点，创办特色课堂，实施高密度培训。

创新乡贤作用机制，增强村民的凝聚力。花园村的实践表明，乡贤是乡村治理的一支重要力量。探索建立乡贤"联络员"机制，发挥其在村民与村委之间的纽带与桥梁作用；探索建立乡贤"调节员"机制，发挥其在家族和邻里的威信力和亲和力；探索建立家训、族约机制，弘扬敬长辈、孝父母、尊师长、崇俭朴、戒奢侈、禁赌博等伦理规范；探索建立乡贤"宣讲员"机制，摒除陈规陋俗，倡导移风易俗。

三、新时代乡村社会治理的花园探索[①]

党的十九大提出了乡村振兴战略，强调按照产业兴旺、生态宜居、乡风文明、治理有效、生活富裕的总要求，加快推进农业农村现代化，这为新时代乡村发展和治理指明了方向。浙江省在就地城镇化和城乡一体化发展方面先行先试，业已形成一些宝贵经验。

花园村隶属东阳市南马镇，原来由11个小山坡组成，人均2分多地。改革开放前，全村没有公路没有电，用水困难。正是这样一个浙中普通村庄，在党支部（2004年后为党委）书记邵钦祥的带领下，走出了一条"以工富农、以商兴村、共同富裕、全面小康"的"花园道路"，在全国影响力综合排名中稳居第三，获得"全国先进基层党组织""全国民主法治示范村""全国文明村""中国幸福村"等上百项国家级和省部级荣誉称号。目前花园村区域内有上市企业1家、国家高新技术企业5家、股份制改造企业3家、个私工商户3483家，2017年全村实现经营收入520.63亿元，村民人均年收入达12万元。

花园便民服务中心

[①] 本文作者：郁建兴，教育部长江学者特聘教授、浙江大学公共管理学院院长；黄红华，浙江工商大学公共管理学院教授。课题组成员还有：徐越倩（浙江工商大学）、严国萍、徐东涛（中共浙江省委党校）、任杰（浙江大学）等。来源：2018年4月17日《花园报》。

在乡村发展和治理过程中，花园村通过构建"党委领导、村委负责、企业支持、居民参与、法治保障"的治理体制，健全以德治为基础、法治为保障、自治为目标的治理体系，形成了原村民与新村民、村民与居民、户籍人口与常住人口"共建、共治、共享"的治理格局，促进了现代城市管理方式与传统乡村治理经验的融合，提升了乡村社会治理的社会化、法治化、智能化、专业化水平。现将其主要做法总结如下。

（一）始终坚持农村基层党组织领导核心地位不动摇，充分发挥农村基层党组织的战斗堡垒作用和党员的先锋模范作用

花园村在发展和治理过程中得到了从中央到地方党政机关和领导的关心支持。习近平总书记在浙江工作期间，曾于2003年6月11日视察过花园村，对花园村的发展和治理提出了殷切期望。花园村发展和治理的关键经验在于，坚持跟着党走，在党组织建设上花工夫，使村党组织成为宣传党的方针、贯彻党的决定、领导基层治理、团结动员群众、推动改革发展的坚强战斗堡垒，为组织群众、宣传群众、凝聚群众、服务群众，实现乡村全面小康和有效治理提供有力的组织保障。

（1）创新党组织的设置，"以老带新、强弱联带"，巩固党组织的领导核心地位。2004年花园村第一次并村后，村党支部升格为党委，村党委把原先花园村和9个新并入村的党员打乱分散到下设的4个支部。2017年第二次并入9个村后，新成立2个党支部，党委将全村530多名党员打乱分散到6个支部，实行"以老带新、强弱联带"，杜绝了党组织内部的徇私舞弊和拉帮结派现象，巩固了党组织的领导核心地位。

（2）创新党组织活动方式，依法治党、从严治党，不断提升党组织建设水平。花园村建立村级党校，通过严格执行"三会一课"制度、推进"6+1"标准化建设、深化五星积分制度、建设党群服务中心、规范党建宣传栏、设立党员志愿服务站、建立党员联系群众制度、建立党建目标责任制、实行星级支部评定等举措，健全党建工作机制，夯实党建阵地建设，提升党建管理水平，严格党建绩效考核，实现了党建提档升级。

（3）全力开展干部队伍建设，造就了一支懂农业、爱农村、爱农民的"三农"工作队伍。花园村多数领导由具备企业家精神、有战略眼光、有社会威望的"能人"兼任，不拿村里一分钱；少数干部由具备专业知识、有时间精力、有服务意识的全职"管理者"专任；一线工作人员由年轻、

专业的专职人员承担服务工作。三支队伍分工明确、优势互补,从而达到决策科学、管理专业与服务周到的工作效果。近40年来,花园村干部切实做到了"奉献、公平、公正、公开","工作不计酬、选举不拉票",增强了党组织的凝聚力、战斗力、公信力,在群众中树立了威信。2017年,在116名党代表和7690位选民参与的换届选举中,新一届党委、纪委班子和村委会成员均以全票当选。

(二)始终坚持自治、法治、德治相结合的乡村治理体系建设不动摇,增强社会行为规范能力、矛盾纠纷调解能力、道德文化引领能力

花园村积极探索和完善自治、法治和德治"三治合一"的乡村治理模式,以自治为目标,以法治为保障,以德治为基础,整合多种资源、协同多方主体、创新多元形式,实现乡村"管理民主"向"治理有效"的升级。

(1)通过民主决策、科学管理和严格监督完善乡村自治。花园村所有村干部都经过民主公开选举产生,村务实行严格的公开制度,凡涉及村庄公共利益的重大决策事项、关乎群众切身利益的实际困难问题和矛盾纠纷,都由党组织牵头,组织召开村民大会和村民代表大会协商决定,形成的统一意见必须严格执行。在并村后,花园村探索"村—小区"二级治理机制,将19个村改组为"小区",在村党委统一领导下,小区分头进行日常管理,实现统一决策与分头执行的有机结合。花园村历时30多年,不断修订完善《村规民约》《生态公约》《村民道德公约》,对尊老爱幼等乡土传统和建设规划等现代秩序各领域进行规定,作为先进文明户、五好家庭户、遵纪守法户等荣誉评定的依据,并与30多项福利的发放挂钩,以此来约束村民自觉遵守。多年来,花园村全村无违章建房、无学龄儿童辍学、无违纪生育、无盗窃、无赌博、无拖欠上交款、无刑事犯罪、无封建迷信活动、无违规燃放烟花爆竹、无违规饲养宠物,切实做到了依规治村、自我约束、令行禁止,形成了良好的村风民风家风。

(2)通过建设专业的法律人才队伍,依法调解矛盾纠纷,加强乡村法治。花园村联合南马法庭、东阳市司法局等部门建立了社会治安综合治理领导小组,下设治保委员会、人民调解委员会、矛盾纠纷排查调处小组、外来人口工作领导小组,建立了一支200多人的队伍,依法维护社会

治安、执行巡逻任务、调解矛盾纠纷、处置突发事件。为规范管理行为，花园村成立了由2名法律硕士、4名法律专业本科生、10名常驻工作人员组成的法律事务部，全权负责村内各类争议纠纷案件的处理，制定了从受理、调处到归档等一套规范程序。通过上述举措，花园村实现了"小事当天解决，大事三天解决"以及"矛盾不上交、纠纷不出村、村民零上访"。

（3）通过培育和弘扬健康向上的"花园精神"，实现乡村德治。花园村在实施自治和法治的同时，注重培育村民"勤劳致富、劳动光荣"的创业意识，"振兴花园是我的责任、繁荣花园是我的光荣"的责任意识，"身在花园爱花园、我为花园作贡献"的归属意识，"创业在花园、致富在花园、投资在花园、消费在花园"的分享意识，"致富思源、富而思进"的感恩意识，"有付出才有回报、有作为才有地位"的奋斗意识，并对优秀干部、优秀村民、好人好事给予表彰和奖励，提升了社会治理的文化引领能力。

值得一提的是，花园村在乡村社会治理过程中，还通过建立一个平台（村级便民服务中心）、打造两支队伍（网格员队伍和专职代办员队伍）、完善三张网络（一个门户网、一个APP、一个微信公众号），运用"互联网+"现代信息技术，实现了"一网覆盖、智慧联动、网格巡查"。工作人员可以在办公室通过监控墙面，观察全村60个区域2400个摄像装置上传的实时画面，调派治安队伍，以科技手段提升了乡村信息化治理能力。

（三）始终坚持开放、融合、有序的社会治理理念不动摇，打造共建、共治、共享的乡村社会治理格局

（1）平衡发展多种经济实体，形成多元的乡村社会治理主体。花园集团是花园村的龙头企业，拥有50多家全资和控股公司，2017年经营收入230.63亿元，围绕红木家具市场打造集体平台经济，集聚了3483家个体工商户，吸引了5万多名企业经营者、公司"白领"、南北商贩、外来务工者，为花园村社会治理培育了多元参与主体。

（2）构建"一分五统六融合"体制，实现新村与旧村的融合。"一分"就是村企分开，在政治和经济上相互独立，明确了两者的产权和职责边界；"五统"即新旧19个村实现财务统一管理、干部统一使用、劳动力在同等条件下统一安排、福利统一政策发放、村庄统一规划与建设，保障了资源整合与权利平等；"六融合"包括思想融合、班子融合、管理融合、

资产融合、制度融合、目标融合,实现了包容发展与共建、共治、共享。为了保证新老村民平等共享村级资源和福利,花园村集体经济始终保持开放状态,没有进行股份化改造,有利于先后并入的各村平衡发展和深度融合。

（3）坚持开放平等原则,促进户籍人口与常住人口的融合。通过旧村改造整理出来的部分宅基地,在统一规划、统一规格的基础上,由村集体流转给外来个私工商户建房并允许入户,吸引外来建房户和购房户1293户4607人。鼓励本村将自有住房出租给外来人口,与他们共同居住、加快融合。村里投资兴建的剧院、图书馆、医院、学校、商场、公园、幼儿园以及免费公交车等公共设施服务,本地村民与外来人员同样享受。2015年起,外来人员的买房、住宿、购物等消费,可以到村里报销一部分作为福利。花园村《村规民约》明确规定"本村村民与外来人员发生纠纷时,首先处理本村村民",为外来人员生产生活提供良好的社会环境。花园村还通过建设前述的平台、队伍和网络,将原来村级16项代办事项增加到164项,率先在村级实现95%的事项"最多跑一次",服务对象覆盖本地人和外地人,显著提升了办事效率和群众的获得感和满意度。

综合起来,花园村秉持开放、融合、有序的社会治理理念,通过解决农村现实问题、提供优质公共服务、化解农村社会矛盾、培育文明风气等,探索出了一条美丽乡村发展之路;通过发挥农村基层党组织战斗堡垒作用和党员先锋模范作用,推进自治、法治和德治"三治合一",探索出了一条乡村有效治理之路,成功打造了共建、共治、共享的乡村社会治理格局。花园村的发展和治理是对我国近40年改革开放伟大事业的纪实,是中国共产党带领人民创造美好生活的写照,是新时代落实乡村振兴战略、实现全面小康的先进典型。

第二十一章
领导、同行点评花园

一、领导点评

全国人大农业与农村委员会主任委员、中农办原主任陈锡文：

2011年，时任中农办主任陈锡文视察花园村后，重点对花园村发展模式作了全面而又精辟的分析。他说：

花园村始终坚持与党的重大方针政策保持一致，把发展经济作为中心任务，在谋求经济社会发展上作了长足探索，特色明显，成效显著。他指出，花园村经济发展做到了"四结合"：一是传统与创新相结合，既能利用东阳木雕传统工艺发展红木家具全产业链，又能与中科院合作研发维生素D3打造全球最大生产基地；二是一二三产发展相结合，既利用高效生态农业优势，又发挥工业主导作用，还保持商业辅助功能；三是集体所有制经济与多种经济成分发展相结合，既保证了集体经济的持续利益，又激发了个私经济的全面进步；四是本村本地经济与外来人经济相结合，在推动全民创业的同时，还吸引了外来人在花园经商办厂，既为花园起到服务作用，又为他们自己带来就业收入。他认为，花园村正是有了"四结合"，形成了花园村发展中心村的经济制度和经济支撑，这种模式和方法值得学习、总结和推广。

金华市委书记陈龙：

2019年11月24日，金华市委书记陈龙到花园村调研。陈龙对花园基层社会治理工作给予充分肯定，指出花园是基层社会治理的一个成功典范，总结推广好花园经验对金华、浙江乃至全国具有典型意义。他强调说：

花园村一直以来积极贯彻落实中央"三农"方针政策，实现健康可持续发展并不断取得新的成绩。要全面系统总结好花园发展经验，特别是花园村在基层社会治理方面的做法，金华全市要掀起学习热潮，让花园经验在八婺①大地上发挥价值。同时，希望花园广大党员干部要把花园村党委建设得更强大，把制度建设得更完善，充分发挥引领表率作用，让花园发展事业走上更高的台阶，让花园村民成为世界上最富有、最幸福、最和谐的农民。

二、知名村官点评

2006年10月，第六届中国"村长"论坛在花园村举行，华西村、大寨村等多名村书记参会。会议期间，接受媒体采访时，他们如此评价花园村。

江苏省华西村党委书记吴协恩：

花园村与华西村相同之处在于，村经济发展都为富民，村级规划、环境整治搞得相当不错；不同之处在于，华西村走集体经济（合作社），个人参股、集体控股的路子，而花园村走的是以民营企业发展带动村集体经济为主，企业壮大后反哺村民。

尽管花园村与华西村发展模式和经济体制不同，但是能因地制宜地让村民富起来，这就是双方经验所在。

山西省大寨村党总支书记郭凤莲：

大寨的发展是因为艰苦奋斗、自力更生的精神在推动，来到浙江省花园村，我为这里的发展变化震惊：花园村有医药、化工、房产、维生素等产业，这种传统产业和高科技产业结合发展的路子值得大寨人学习。

---

① "八婺"指古时金华府所辖金华、兰溪、东阳、义乌、永康、武义、浦江、汤溪8个县，现今在浙江省境内。

看到花园村，我觉得发展生产、积累资金才是新农村建设的关键，"喊破嗓子，不如做出样子"，大寨人今后要的是把精神转化为发展动力。

北京市韩村河村党委书记田雄：

我在5年前曾来过杭州、宁波，那时候浙江农村不是很突出。这是第二次来，自踏上高速公路起看到浙江农村到处是两三层小洋楼，感觉浙江新农村建设比北方快多了。

拿花园村来说，这里已成为一个小城市，街道整洁、市政设施配套齐全，这样快的发展速度让我惊讶。

花园村能带动周围落后村庄共富，小富推动大富，并同步提高村民素质，这点韩村河村可以很好地学习。

上海市九星村党委书记吴恩福：

九星村是上海亿元村首富，我们依靠的是邻近上海城区的优势，走以"市场富民、市场兴村"的路子；而花园村远离城区，能够找到以工业发展村经济，建立富民长效机制，这对全国多数村庄发展都有一定的借鉴意义。

浙江新农村给我的感觉是非常有活力。其实，新农村建设本没有模式，尊重农民，从实际出发，因地制宜发展村经济，才是新农村建设发展的根本。

2018年1月18日，参加第四届中国农村博物馆年会暨乡村振兴（花园）论坛的20多位中国十大国际名村、中国十大名村、文化先进村的代表，通过实地走访考察参观了解了花园村践行乡村振兴战略所取得的巨大成就并给予充分肯定，同时就如何紧紧抓住大有可为的历史机遇期，努力践行乡村振兴战略进行了交流和探讨。

北京郑各庄村党委书记黄福水：

花园村严格实施"一分五统"的战略方针，盘活了村庄的生机活力，也为村庄发展注入了新的力量。

中国十大国际名村江苏永联村党委委员、经济合作社党总支书记蒋志兵：

无论是花园村民之间，还是花园村并村各小区之间，都是"先富带后富，同走共富路"的最好诠释。

2019年11月12日，花园村迎来了花园红木家具城六期配套市场

（花园家居用品市场）和花园雷迪森大世界开业的日子，中国十大名村、经济强村以及友好村纷纷以不同形式对花园村"双喜临门"表示祝贺，祝福花园人在花园村党委书记、花园集团董事长兼总裁邵钦祥带领下，继续沿着"以工强村、以商兴村、共同富裕、全面小康"的特色发展之路，昂首迈向"世界名村"和"世界强村"。

江苏华西村党委书记吴协恩在贺信中写道：

近年来，花园村始终坚持习近平新时代中国特色社会主义思想不动摇，以推动"乡村振兴"为目标，以实现"高质量发展"为举措，不断推动了自身的发展步伐，从而为全国的"三农"工作做出了表率。此次，花园家居用品市场和花园雷迪森大世界隆重开业，必将助推花园村在新一轮的发展中取得新的成就。这是花园人民的骄傲，也为全国农村发展树立了新的标杆。

山西大寨村党总支书记郭凤莲在花园家居用品市场开业典礼上致辞：

我从太行山老区自驾行车两天，来到美丽的花园村，感到非常的高兴，我曾经在2004年和2006年两次到此，今天让我大开眼界，没想到短短十几年，在领头人邵钦祥带领下，花园村经济、社会、文化等全面实现质的飞跃。花园村和大寨村都是中国十大名村，都是中国农村最大的改革开放政策受益村。近年来，花园村在"八八战略"指引下，深入实施"千村示范，万村整治"工程，通过两次"一村并九村"，坚持城乡统筹发展，较早地走上了乡村振兴、全面发展的共同富裕道路，花园村党委不断抓住发展机遇，不断做好产业结构调整，形成了各项事业的高质量发展，工业发展，商业繁荣，特别是红木产业更是形成了一个富民产业。

安徽小岗村党委第一书记李锦柱说：

花园村和小岗村一样，都是中国十大名村之一，都是中国"三农"发展的先行区、乡村振兴的样板地、美好乡村建设的示范地。40多年来，在领头人邵钦祥带领下，花园村始终与伟大祖国同频共振、与伟大时代一路同行，强党建，抓工业，兴产业，惠民生，善治理，充分发挥自身优势，整合方方面面资源，搭建致富产业发展平台，实现老百姓就地创业就业，实现了早期的城镇化，实现了从"两创"到"两富"到"两美"的华丽转型，实现了花园村的繁荣昌盛和欣欣向荣，实现了花园人民红红火火的美好生活。

附录
花园集团简介

花园集团是国家级企业集团，目前有50多家全资和控股公司，名列"2019中国民营企业500强"第314位、"2019浙商全国500强"第66位、"2019中国制造业企业500强"第279位、"2019浙江省百强企业"第65位、"2019年浙江省民营企业100强"第43位、"2019浙江省制造业百强企业"第44位、"2019浙江省成长性最快百强企业"第70位，还上榜中国大企业集团竞争力500强、中国企业自主创新TOP100强、中国民营企业服务业100强等权威榜单，曾荣获"全国新型城镇化突出贡献企业""全省民营企业参与新农村建设贡献奖""全省百家转型升级引领示范企业"等诸多荣誉。

花园集团从1981年创办蜡烛厂和服装厂开始，经过30多年的创业创新，已经形成以高科技产业为主导，新兴产业和传统产业相配套并带动花园村经济的发展格局。目前，花园集团主要拥有五大产业：生物与医药、新能源与新材料、红木家具与木制品、建筑与房地产、教育卫生与旅游文化；五大板块：工业企业板块、旅游文化板块、教育卫生板块、现代农业板块、红木家具板块。2019年，花园集团实现营业收入306亿元，实现利税总额15.5亿元，总资产246亿元，净资产119亿元，旗下营业收入超亿元企业12家，其中有4家企业营业收入超过40亿元，最高的超过100亿元。

作为花园集团生物医药产业代表企业，浙江花园生物高科股份有限公司是国家高新技术企业，已成为全球最大的维生素D3生产和出口企业之一，公司院士专家工作站成为全国示范站。"花园"牌维生素D3是与中科院产学研结合的产物，生产技术和生产工艺处于国际领先水平，荣获

"国家科技进步二等奖""国家技术发明奖二等奖""中石化工协会科技进步一等奖",现公司正致力打造完整的维生素 D3 上下游产业链。2014 年 10 月 9 日,"花园生物"(300401)在深交所正式挂牌上市,登陆资本市场。2018 年 6 月,总投资 103.6 亿元、总用地 1600 亩的花园集团(金华)生物医药科技园项目在金华经济技术开发区开工建设,致力建成百亿元级生物医药科技园,花园生物公司是首家入园企业。

作为花园集团红木家具产业航母企业,东阳市花园红木家具开发有限公司打造出名列全球前茅的红木家具专业市场——花园红木家具城、位居全国前列的名贵木材交易集散地——花园大型木材市场。花园红木家具城六期配套市场——花园家居用品市场——也已正式开业。红木家具城市场总面积近 50 万平方米,吸引了 2300 多个品牌进驻,继续以家具类排名第一的成绩上榜"中国商品市场百强"第 44 名,与花园原木市场、板材市场、花园雕刻·油漆中心、花园红木长廊以及东阳市红木家具产业园核心区块一起,缔造了"中国红木家具第一村"和"天下红木第一村"的神话。近年来,花园红木家具城每年都举办盛大的红木家具展销会,向世界展示花园红木文化、工匠精神、大师作品。2018 年 9 月,花园红木家居小镇被列入浙江省级特色小镇第四批创建名单,花园红木产业创新服务综合体、花园红木产业国际物流中心、"花园购"新零售智慧市场线上布局等的建设,也为花园红木家具城市场再腾飞奠定坚实的基础。

作为花园集团新能源产业的新兴企业,浙江花园新能源有限公司紧紧抓住市场机遇,正式进军锂电池及电子电路急需的铜箔行业,其省重大产业龙头项目——总投资 45 亿元的年产 5 万吨高性能铜箔项目——是东阳市多年来工业实体经济投资最大的项目,一期项目已经建成投产并填补了该领域浙江省内空白,为新能源汽车和 5G 通信提供重要的关键材料。其中,6 微米锂电铜箔产品试产成功,开发周期刷新国内同行业最短纪录,标志着企业正式跨入全球屈指可数的 6 微米锂电铜箔生产企业行列。今后,公司将对标国际一流标准,以市场需求为导向,以科学技术为引领,坚持创新驱动,转变发展方式,致力把企业打造成具有全球影响力和核心竞争力的高端制造企业,为中国电子铜箔行业快速发展增添新动力。

作为花园集团基础材料产业主导企业,浙江花园铜业有限公司荣膺"中国铜板带行业十强企业""中国铜棒(排)材十强企业",荣获"浙江省工业大奖银奖""东阳市市长质量奖",生产高质量的高精铜板、铜带、铜排、铜棒和宽幅铜板带等各种铜系列产品,组建铜合金技术研究开发中心,研发市场上急需的"高、精、尖"产品,大大提高了产品的技术含量和附加值,致力成为铜板带行业领导者以及综合实力居国内国际领先水平。目前,公司省重大产业示范类项目——年产6万吨1320毫米超宽幅高精铜板带项目——已经建成,最宽可达1400毫米,并成为亚洲生产精制铜板带最宽的生产企业之一。此外,通过工艺改进以及技术创新自行研制出的高品质紫铜压延铜箔产品,厚度最薄的只有0.012毫米,比纸张还要薄许多,填补了省内空白,为企业向百亿元大企业迈进注入了强大的后劲。

作为花园集团新型材料产业龙头企业,花园新材料股份有限公司是国家高新技术企业,已成为浙中南最大的包装新材料龙头企业之一,名列中国纸包装工业纸箱彩盒50强,产品涉及小商品外包装、门业五金工具包装、红木家具包装,是农夫山泉、娃哈哈、蒙牛等知名饮料企业的包装供应商。同时,花园新材公司自主研制了多功能轻质复合墙板等系列新型环保建材,具有隔音好、保温好、强度高、成本低等一系列优点,参与修制定的《包装材料 蜂窝纸板》《建筑用纸蜂窝复合墙板》等国家行业标准已经实施,成为了全国领先新型墙体材料生产企业之一。目前公司顺利建成省重大产业项目,即年产1000万平方米多功能轻质复合墙板建设项目,产品用于省内外多个旅游景点、生态别墅、厂房以及学校宿舍楼等工程,还积极拓展国际市场,多个国际项目也正在洽谈。

作为花园集团建筑房产产业领衔企业,浙江花园建设集团有限公司已有20多年发展历史,下辖三大区域分公司和一家直属项目部,是一家各类建筑设备齐全、职能管理部门健全、科学技术力量雄厚的国家房屋建造总承包一级资质企业,并积极拓展装配式建筑领域,被评为"全国优秀施工企业"称号,是东阳市建筑业前十强以及建筑业龙头企业,先后荣获"钱江杯""华东杯""楚天杯""龙江杯"等数十项优质工程,目前正在朝着国家建筑工程施工总承包特级资质方向迈进。此外,东阳市花园建达房地产开发有限公司也已经在花园村成功开发阳光城、湖景城、商业中心、中华城等多个高层住宅楼盘,为花园村迈向城市化提供住房品质保障。

花园药业股份有限公司是国家高新技术企业,已顺利完成股份制改造,"替保"商标是浙江省著名商标,其主导产品心脑健片是国内独家生产和国家中药保护品种,"茶叶提取开发与应用省级高新技术企业研究开发中心"已被认定,公司正以立足大健康产业为契机,聚焦药品和医疗器械细分领域的产品研发与销售,规划药品和医疗器械双引擎驱动并提升核心竞争力,为企业可持续发展夯实基础。而坐落于绍兴滨海新城医疗器械产业园的浙江福瑞喜药业有限公司，致力于呼吸领域用药（雾化吸入制剂）的专业研发生产，力争发展成为国内呼吸系统用药领域领先的雾化吸入制剂专业化生产企业，目前多个二类、三类、四类雾化吸入剂产品已顺利注册申报。

花园金波科技股份有限公司是国家高新技术企业，已顺利完成股份制改造，专业从事金属波纹管以及金属材料研究开发、生产与销售并承接各种电子产品的 OEM 和 ODM 服务于一体的科技型企业。主要产品（服务）的核心技术均拥有自主知识产权，同时拥有 30 多项创新专利，产品覆盖汽车、光伏、电力、家电行业以及航空、航天等军事领域，是国内重要的军工协作配套单位之一，是全国电子信息行业优秀企业，"金属波纹管省级高新技术企业研究开发中心"也已被认定，同时已建成指纹锁生产线以及国内一流的指纹锁检测中心。

此外，浙江花园进出口有限公司是省级大型进出口贸易公司，主要经营和代理各类商品及技术的进出口以及对销贸易和转口贸易；浙江老汤火腿食品有限公司是中国肉类协会副会长单位和省级农业龙头企业，生产的"老汤"牌火腿被评为"浙江名牌产品"、"省绿色农产品"和"长三角名优食品"，荣获金华火腿质量评比金奖，并取得了"出口食品生产企业备案证明"，"老汤"商标也是浙江省著名商标；花园田氏医院正在积极争创二级甲等医院，在骨伤科等方面独有建树，目前拥有 200 多套先进的诊疗设备，开放床位可达 520 张，是全国最大村级医院之一；浙江花园农业发展有限公司与浙江省农科院和上海市农科院合作，建立了花园现代高效农业观光园区，取得了生态、经济和社会效益的三重丰收，已成为金华市首家国家级新型职业农民培育示范基地，3000 亩以上的浙江省农村综合改革集成示范区建设试点项目之一的花园现代农业生态园已基本建成；浙江花园旅游发展有限公司主推名村党建考察游、职工康养度假游、中小学生研学游、乡村休闲观光游、红木家具鉴赏游、现代工业示范游等六大特色，开发的中国农村博物馆以及花园游乐园等景点提升了旅游档次与品位，打造了浙江省首个单独以村为单位创建成功的国家 AAAA 级旅游景区，被国家文化和旅游部授予首批"中国十大优秀国际乡村旅游目的地"和"网友最喜欢的乡村旅游目的地"；浙江花园影视文化传媒有限公司适应国家发展文化产业形势，投资拍摄的首部电视剧《大明按察使》在央视一套和央视八套播出，极大地推动了花园文化产业的快速发展，《大明按察使之铁面御史》也已登陆荧屏；花园中学和花园幼儿园是花园教育产业发展的先行者，花园集团还与浙江师范大学强强联手，投资7亿元建设以"精品精英，育人育心"为办学理念的浙江师范大学附属东阳花园外国语学校，从幼儿园到高中推行16年一贯制教育，已于2017年9月1日正式开学，成为了全国农村最高端的学校之一；花园商业中心总建筑面积约20万平方米，是全国农村环境最好、设施最齐、档次最高的商业综合体之一，是集住宅、购物、餐饮、娱乐、健身、休闲、观影于一体的综合性商业航母，吸引肯德基以及苏宁易购等率先入驻农村。

花园集团的快速发展，彻底改变了花园村的面貌，促进了花园村的全面小康建设。2019年，花园村实现营业收入602亿元，拥有个私工商户达3768家，村民人均年收入达13.5万元，接待国内外游客570万人次，是金华市首个且唯一的税收超3亿元村。花园村倡导的"以工强村、以商兴村、共同富裕、全面小康"的花园之路已引起社会各界的关注，被上级领导誉为"浙江第一村"和"中国农村现代化的榜样"。2016年7月1日，花园村党委被中共中央授予"全国先进基层党组织"荣誉称号，同年花园村荣膺"中国十大国际名村"，并连续多年名列"中国名村综合影响力300佳"前三甲。2019年12月26日，浙江省委、省政府正式批复同意花园村为浙江省乡村振兴综合改革试点，浙江省仅此一村，希望花园村能为全国农村实现治理能力现代化提供更多经验。"十三五"期间，花园计划投入150亿元，到"十三五"期末，花园村力争实现营业收入620亿元，花园集团完成营业收入320亿元，个私工商户完成营业收入300亿元；企业规模营业收入1亿元以上企业15家，营业收入5亿元以上企业10家，营业收入30亿元以上企业5家，营业收入50亿元以上企业3家，股改企业达到4至5家；花园村民年人均收入达到15万元。

今后，花园村将紧紧围绕"把花园村建设成为中国农村现代化的榜样，把花园集团打造成为国际化高科技企业"的发展愿景，以推进工业化为重点，以优化升级为主线，通过经济结构的调整，大力发展生物与医药、新型材料与电子、红木家具与木制品制造、现代农业与生态旅游、建筑与房地产等五大产业，逐步实现产业结构的科学化、规模化、效益化，推进花园经济全面、协调、可持续发展。为实现大花园的总体目标，花园人坚持以"求实、创新、求强、共富"的花园精神为动力，高擎起中国现代化和谐新农村的旗帜，致力于打造一个"科技花园、绿色花园、活力花园、和谐花园"的"百年花园梦"，力争"把花园村建设成世界上最富有、最美丽的村庄，让花园村民成为世界上最富裕、最幸福的农民"。

参考文献

[1] 东方涛.邵钦祥传奇［M］.杭州：浙江人民出版社，2006.

[2] 金光强.花园足迹.30年［M］.杭州：中国美术院出版社，2011.

[3] 王晓明.龙的花园：邵钦祥和他的百年梦想[M].北京：中国市场出版社，2018

[4] 李朝民，王江红.乡村善治的强劲律动［N］.花园报，2018-05-16.

[5] 张晓山.促进乡村治理体系不断完善［N］.花园报，2018-05-16.

[6] 王庆丽，王江红.花园人的美好生活［N］.浙江日报,2018-06-05.

[7] 朱榕贵，王江红.邵钦祥：不忘初心 逐梦前行［N］.花园报，2018-10-09.

[8] 王江红.邵钦祥率团考察华为公司［N］.花园报，2019-07-12.

[9] 周振平.花园家居用品市场正式开业［N］.花园报，2019-11-15.

[10] 许欣雅.知名"村官"共贺花园"双喜临门"［N］.花园报，2019-11-15.

[11] 王江红，吴浩宇.花园大学扬帆起航育英才［N］.花园报，2019-12-24.

[12] 周振平.花园村与缪家村再做新"约定"［N］.花园报，2019-12-24.

[13] 王江红.花园村成全省唯一乡村振兴综合改革试点［N］.花园报，2020-01-18.

[14] 吴浩宇.花园村去年营业收入超六百亿元［N］.花园报，2020-01-18.

[15] 王江红.花园村为高级人才发奖185万元［N］.花园报，2020-03-13.

[16] 吴浩宇.把花园村建成新时代乡村振兴样板［N］.花园报，2020-05-21.

后 记

  2011年11月，我第一次走进花园村，站在花园集团的楼顶，眼前呈现的是一幅宜业、宜居、宜商和宜游图景，这里有高端别墅、规划有序的楼房、商业氛围浓厚的市场、充满田园气息的生态农业园……

  花园是个村，但更像座城。在这里，农村与城市的区别荡然无存，相反，更多的城里人羡慕这里的生活。

  彼时，花园村民人均收入已达到51600元。从此，花园村进入我的关注视线。此后，在花园集团副总裁马文德的邀请下，我去过多次，见证了这八年多来花园的变化。截至2019年，村民人均年收入达13.5万元，花园村跻身中国十大名村前三。

  40多年来，花园人走出了一条"以工富农、以工强村、全面小康、共同富裕"的花园之路，从一个小花园走向了大花园，从一个贫困村走向了富裕村，从一个出了名的穷山村走向了闻名遐迩的乡村振兴示范村。

  关注时间长了，对花园村党委书记邵钦祥多年前所描绘的"以工富农、以工强村、全面小康、共同富裕"也有了更深的理解。

  中农办乡村振兴专家咨询委员会委员、湖南师范大学中国乡村振兴研究院院长陈文胜，是我国"三农"领域知名专家。近年来，他更是笔耕不辍，尤其是针对乡村振兴，刊发了大量高水平的理论文章。

  去年，得知陈文胜教授牵头，组织编写由东北大学出版社策划的"中国乡村振兴示范村"丛书时，我没有任何迟疑，申报了花园村，根本没有考虑接下来编写工作的繁重。只是本能地觉得，这是一个很好的乡村振兴样本，也是一次很好的学习机会。

  入选之后，我开始利用工作之余，系统性地收集、阅读资料。在此过程中，花园集团党委副书记金光强、《花园报》总编辑王江红给予了大力协助，在此表示衷心感谢。本书部分内容来自《花园报》，同时参考了《龙的花园：邵钦祥和他的百年梦想》《邵钦祥传奇》《花园足迹30年》等书及相关新闻报道，在此亦表示诚挚感谢。

2019年12月，浙江省政府批复同意《东阳市花园村乡村振兴综合改革试点总体方案》。最近一次去花园村是在今年5月份，刚好赶上了东阳市在花园村召开乡村振兴改革试点工作推进会。

在乡村振兴方面，花园村承担了新的任务，那就是期望通过一年的试点，力争为浙江省、全国乡村振兴提供经验和样板。

乡村振兴的范式很多，每个村有每个村的实际情况，很难说有可以复制的模板。但我想有些理念完全可以借鉴，这也是编写此书目的，希望通过梳理、研读、剖析花园村，能给其他地方乡村振兴些许参考。

严碧华

2020年7月

严碧华，资深媒体人，人民日报社《民生周刊》杂志社编辑部主编。